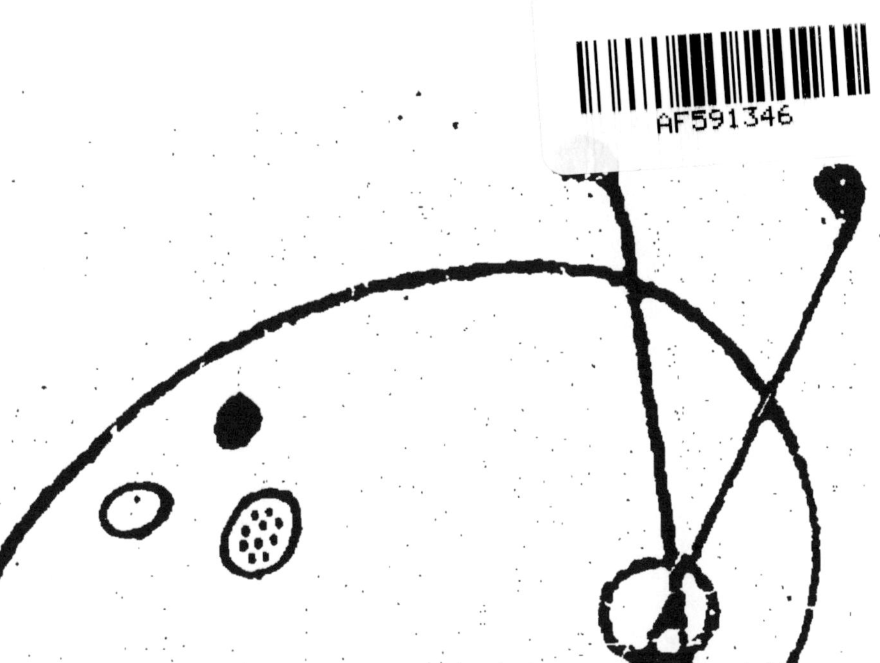

Fin d'une série de documents
en couleur

LES ORIGINES

DES

CULTES RÉVOLUTIONNAIRES

(1789-1792)

MÉMOIRE PRÉSENTÉ COMME SECONDE THÈSE DE DOCTORAT

A LA FACULTÉ DES LETTRES DE L'UNIVERSITÉ DE PARIS

PAR

ALBERT MATHIEZ

Ancien Elève de l'École Normale Supérieure
Professeur d'histoire au Lycée de Caen

PARIS
SOCIÉTÉ NOUVELLE DE LIBRAIRIE ET D'ÉDITION
(LIBRAIRIE GEORGES BELLAIS)
17, RUE CUJAS, Vᵉ ARRᵗ

1904

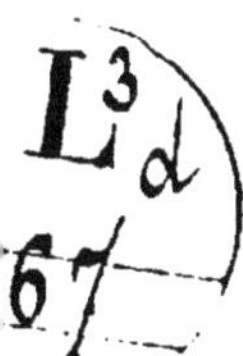

LES ORIGINES

DES

CULTES RÉVOLUTIONNAIRES

LES ORIGINES

DES

CULTES RÉVOLUTIONNAIRES

(1789-1792)

MÉMOIRE PRÉSENTÉ COMME SECONDE THÈSE DE DOCTORAT

A LA FACULTÉ DES LETTRES DE L'UNIVERSITÉ DE PARIS

PAR

ALBERT MATHIEZ

Ancien Élève de l'École Normale Supérieure
Professeur d'histoire au Lycée de Caen

PARIS
SOCIÉTÉ NOUVELLE DE LIBRAIRIE ET D'ÉDITION
(*LIBRAIRIE GEORGES BELLAIS*)
17, RUE CUJAS, Ve ARRt

1904

A

M. Antonin DEBIDOUR

Inspecteur général de l'Instruction publique

ET A

M. Gabriel MONOD

Maître de Conférences à l'École Normale

JE DÉDIE CET ESSAI

EN TÉMOIGNAGE DE RECONNAISSANCE ET D'AFFECTION

Caen, décembre 1903.

AVERTISSEMENT

Ce mémoire n'a pas la prétention de passer pour un travail définitif. J'ai voulu simplement indiquer une orientation nouvelle pour l'étude des cultes révolutionnaires. J'ai posé une thèse, j'ai donné à l'appui quelques arguments, mais je sais tout le premier combien est incomplète et provisoire l'esquisse que j'ai tracée. Telle qu'elle est cependant, elle provoquera peut-être la discussion. Il me suffirait que cette discussion tournât en quelque manière au profit de la science historique.

LES ORIGINES DES CULTES RÉVOLUTIONNAIRES

(1789-1792)

PREMIÈRE PARTIE

LA RELIGION RÉVOLUTIONNAIRE

I. Le point de vue négatif dans l'étude des cultes révolutionnaires. — Les historiens libéraux. — Les historiens catholiques.
II. Caractère du fait religieux. — Définition de M. Durkheim. — Autres caractères du fait religieux.
III. De l'existence d'une religion révolutionnaire.
IV. Le Credo commun des révolutionnaires, son origine dans la philosophie du 18e siècle. — Opposition de l'idéal philosophique et de l'idéal chrétien. — La conception de l'État chez les philosophes. — La religion civile de Rousseau.
V. La foi révolutionnaire, ses premières manifestations. — Le législateur, prêtre du bonheur social. — La Déclaration des droits. — La foi nouvelle inspire des inquiétudes au clergé.
VI. Caractère religieux de la foi nouvelle. — Origine spontanée du serment civique. — Continuité de la foi révolutionnaire.
VII. Le symbolisme révolutionnaire. — La Cocarde. — Les autels de la patrie. — Les arbres de la liberté. — Autres symboles.
VIII. Le fanatisme révolutionnaire.
IX. Les pratiques, les cérémonies. — Les fédérations.
X. Fêtes civiques. — Fêtes commémoratives — Le 20 juin. — Le 14 juillet. — Le 4 août. — Fêtes politiques. — Fêtes des bienfaiteurs et des martyrs de la liberté. — Fêtes funèbres. — Desilles. — Mirabeau. — Voltaire. — Les Suisses de Châteauvieux. — Simoneau. — Cerutti. — Gouvion. — Fêtes morales.
XI. Les prières et les chants patriotiques. — Influence du théâtre. — Conclusion.

I

Le point de vue négatif dans l'étude des cultes révolutionnaires. — Pendant longtemps, la plupart des historiens n'ont vu dans les cultes révolutionnaires que des constructions factices, imaginées par des hommes politiques, pour le besoin des circonstances. Même ceux qui aiment à se proclamer les disciples des hommes de 89 prennent difficilement ces tentatives au sérieux et par suite ne se placent presque jamais au point de vue proprement religieux pour les étudier et pour les juger. Le culte de la Raison, le culte de l'Être suprême, la Théophilanthropie, le culte décadaire ne sont pour eux qu'autant de chapitres de l'histoire politique de la Révolution, qu'autant d'épisodes de la lutte des « patriotes » contre les partisans de l'Ancien Régime. Comme ces pseudo-religions ont disparu très vite, il n'est pas rare qu'on les passe presque complètement sous silence, ou, ce qui est pire, qu'on ne leur fasse, à ces éphémères, l'aumône d'une mention dédaigneuse que pour s'égayer à leurs dépens. L'historien est volontiers respectueux de ce qui dure.

Quant aux écrivains catholiques, ils ne s'occupent guère des cultes révolutionnaires que pour retracer les persécutions dont leur religion fut l'objet et pour dresser le martyrologe de ses victimes. Emportés par leur zèle confessionnel, ils ne retiennent d'ordinaire de l'œuvre religieuse de la Révolution que le détail mesquin et odieux.

Les historiens libéraux. — Parmi les historiens dits libéraux, Thiers consacre dix lignes remplies d'erreurs aux Théophilanthropes, « ces ridicules sectaires qui célébraient des fêtes en l'honneur de toutes les vertus, du courage, de la tempérance, de la charité, etc., et, certains jours, déposaient des fleurs sur les autels où d'autres avaient dit la messe ». Il approuve naturellement Bonaparte d'avoir mis fin à leurs comédies sacrilèges. « Pour les catholiques sincères, dit-il, c'était une profanation des édifices religieux que le bon sens et le respect dû aux croyances dominantes commandait de faire cesser[1] ».

1. *Consulat et Empire*, éd. 1874, t. II, p. 163.

Quinet, avec une ironie cruelle, met en regard les audaces de Luther avec les timidités de Danton et de Robespierre. Il dénie aux fondateurs des cultes révolutionnaires le profond sentiment religieux, qui animait, si on l'en croit, les Réformés du XVIe siècle. Il flétrit le culte de la Raison, cette religion d'acteur, inventée par Hébert, marchand de contremarques. Il faut l'entendre railler à froid la routine classique, la frivolité d'esprit de ces révolutionnaires qui s'imaginaient enterrer les vieux cultes avec la chanson de Marlborough, de ces terroristes qui hésitent à employer la violence contre le catholicisme et finalement sauvent la contre-révolution par leur pusillanime décret du 18 frimaire ! « Ce jour-là, s'écrie-t-il amer et triomphant, ils firent plus pour l'ancienne religion que les Saint Dominique et les Torquemada ! [1] »

Renchérissant sur Quinet, son coreligionnaire, M. Ed. de Pressensé décoche à son tour ses traits les plus pointus contre les cultes révolutionnaires et surtout contre la Théophilanthropie, « pitoyable comédie », « niaise pastorale [2]. »

Michelet, il est vrai, consacre de belles pages lyriques aux Fédérations, qu'il considère avec raison comme la première manifestation d'une foi nouvelle. Mieux qu'aucun autre, il a soupçonné le caractère religieux des grandes scènes de la Révolution. Mais il n'a fait que le soupçonner. La continuité de la religion révolutionnaire lui échappe. Il croit, lui aussi, que les différents cultes, qui en furent la manifestation extérieure, furent imaginés de toutes pièces par des politiciens maladroits infiniment peu capables de création [3].

M. E. Gachon [4] est peut-être un de ceux qui ont le

---

1. Quinet, éd. du centenaire, t. II, p. 57-97.
2. *L'Église et la Révolution française. Histoire des relations de l'Église et de l'État de 1789 à 1802*, 2e édit. (1867). Voir livre III, chap. III, p. 351-354.
3. Michelet, livre XIV, chap. I.
4. *Histoire de la Théophilanthropie*, 1870, in-8.

mieux compris ce qu'il y avait de noble et de sérieux dans les tentatives des révolutionnaires pour fonder une religion civique. Mais il paraît guidé dans son livre (simple résumé d'une partie de l'*Histoire des Sectes* de Grégoire) plus par le souci des intérêts du protestantisme que par le seul désir de faire œuvre historique. Il n'aperçoit pas non plus le véritable caractère de la religion révolutionnaire, dont la Théophilanthropie, comme le culte de la Raison ou le culte de l'Être suprême, ne fut qu'une des formes temporaires.

Ce n'est pas à M. Aulard, le dernier et le premier historien du culte de la Raison et du culte de l'Être suprême, qu'on pourrait faire le reproche de s'être laissé entraîner par une préoccupation autre que celle de la vérité. Il a bien vu l'importance historique des cultes révolutionnaires, puisqu'il n'a pas hésité à écrire que le mouvement d'où ils sont nés est un « des plus curieux de l'histoire de la France et de l'humanité[1] ». Il y voit « non pas seulement une tentative philosophique et religieuse, sans racine dans le passé de la France et sans connexion avec les événements, non pas une violence faite à l'histoire et à la race, mais la conséquence nécessaire et plutôt politique de l'état de guerre où la résistance de l'ancien régime contre l'esprit nouveau avait jeté la Révolution... ». Autrement dit, il pense que nos pères, « en intrônisant la déesse de la Raison à Notre-Dame, ou en glorifiant le Dieu de Rousseau au Champ de Mars, se proposaient surtout un but *politique* et, pour la plupart, ne cherchaient dans ces entreprises contre la religion héréditaire, comme d'ailleurs dans leurs autres violences d'attitude ou de parole, qu'un expédient de défense nationale[2] ».

Voilà donc la continuité marquée entre les cultes révolutionnaires, qui émaneraient tous d'une même aspiration,

1. Aulard, *Le Culte de la Raison et le Culte de l'Être Suprême*, 1892, in-12, p. VII.
2. *Ibid.*, p. VIII.

d'un même besoin, l'amour de la patrie. Avec cette explication, l'essentiel dans ces tentatives religieuses n'est plus la lutte contre l'Église, mais la défense de la France nouvelle. Je suis sur ce point tout-à-fait d'accord avec M. Aulard, mais je crois qu'il reste un pas de plus à faire, qu'il faut rattacher le mouvement d'où est sorti le culte de la Raison au grand courant des Fédérations et qu'il est possible de déterminer d'une façon plus précise ce qu'il y a d'essentiel et de commun dans tous les cultes révolutionnaires. Oui, c'est l'amour de la patrie qui est la partie vivante de la religion révolutionnaire, M. Aulard a raison de le proclamer, mais un amour de la patrie entendu d'une façon très large, un amour de la patrie qui englobe avec le sol national l'institution politique elle-même.

Les historiens catholiques. — Pour les écrivains catholiques, c'est la haine et non l'amour qui a donné naissance aux cultes révolutionnaires, la haine forcenée de l'Église catholique.

Grégoire, dans sa confuse mais précieuse *Histoire des Sectes*, distingue à peine entre les inventions d'Hébert, de Robespierre, de La Révellière-Lépeaux, il mêle les périodes, classe arbitrairement les faits, ne voulant que mettre en relief la violence de la « persécution ».

M. Jules Sauzay, dans sa grande *Histoire de la persécution révolutionnaire dans le Doubs*, si solidement documentée, M. Ludovic Sciout, dans ses différents ouvrages, ne sont pas animés d'un autre esprit.

M. l'abbé Sicard est le premier des écrivains catholiques qui soit entré un peu profondément dans l'étude de la religion révolutionnaire, et, à cet égard, son livre *A la recherche d'une religion civile* [1] mérite qu'on s'y arrête. Sans doute, il confond souvent les époques, il généralise et systématise, mais il a bien marqué toute l'importance qu'eurent jusqu'à la fin les fêtes civiques, les « institutions »,

1. 1895, in-8.

aux yeux des révolutionnaires de tous les partis, et il a montré avec beaucoup de force que le but qu'ils se proposaient n'était pas tant de détruire le catholicisme que de le remplacer, qu'ils eurent l'ambition de régénérer l'âme française, de la refondre par des institutions dans un moule nouveau. Non sans intelligence, il a essayé d'analyser cet idéal commun à tous les révolutionnaires, de déterminer les dogmes de la religion civile qu'ils s'efforcèrent d'instituer, de décrire ses rites, ses cérémonies, ses symboles. Mais s'il a bien mis en lumière le côté positif de la religion révolutionnaire, il la considère lui aussi comme une création artificielle des politiques. Il n'a vu ni son origine spontanée, ni son caractère mystique, ni sa vie même. En un mot, la religion révolutionnaire n'est pas à ses yeux véritablement une religion.

II

Caractères du fait religieux. Définition de M. Durkheim. — Qu'est-ce donc qu'une religion [1] ? A quels signes reconnait-on les phénomènes religieux et retrouvons-nous ces signes dans les diverses manifestations de la foi révolutionnaire ?

Dans un remarquable mémoire paru dans l'*Année Sociologique* [2], M. Émile Durkheim a défini d'une façon très originale et avec des arguments très solides, à mon sens, ce qu'il faut entendre par religion et faits religieux.

L'idée du surnaturel, explique-t-il tout d'abord, la croyance en Dieu n'ont pas eu dans les manifestations de la vie religieuse le rôle prépondérant qu'on leur accorde

1. Il est bien entendu que nous n'envisageons ici le phénomène religieux qu'en tant que phénomène social, et que nous laissons de côté la « religion intérieure », sentiment individuel, conception chère à beaucoup de protestants.

2. Sous ce titre : De la définition des phénomènes religieux, *Année sociologique*, t. II, Paris 1899, in-8.

d'ordinaire. Il y a, en effet, des religions comme le boudhisme, le jaïnisme, qui offrent aux hommes un idéal tout humain. L'idée de Dieu est bannie de leurs dogmes essentiels. Dans les cultes totémiques, l'objet de l'adoration est une espèce animale ou végétale. Dans les cultes agraires, c'est sur une chose matérielle, sur la végétation par exemple, que s'exerce directement l'action religieuse, sans l'intervention d'un principe intermédiaire ou supérieur. M. Durkheim tire de ces faits cette conclusion que « loin d'être ce qu'il y a de fondamental dans la vie religieuse, la notion de la divinité n'en est en réalité qu'un épisode secondaire [1] ».

C'est par leur forme et non par leur contenu qu'on reconnait les phénomènes religieux. Peu importe l'objet sur lequel ils s'appliquent, que cet objet soit une chose, une notion de l'esprit, une aspiration surnaturelle, « on appelle phénomènes religieux les croyances obligatoires, ainsi que les pratiques relatives aux objets donnés dans ces croyances [2] ». Croyance obligatoire pour tous les membres du groupe, voilà le premier caractère du fait religieux ; pratiques extérieures également obligatoires ou culte, tel est le second caractère. « Les croyances communes de toute sorte, relatives à des objets *laïques* en apparence, tels que le drapeau, la patrie, telle forme d'organisation politique, tel héros ou tel évènement historique, etc., sont obligatoires en quelque sens et par cela seul qu'elles sont communes, car la communauté ne tolère pas sans résistance qu'on les nie ouvertement... Elles sont dans une certaine mesure indiscernables des croyances proprement religieuses. La patrie, la Révolution française, Jeanne d'Arc sont pour nous des *choses sacrées*, auxquelles nous ne permettons pas qu'on touche [3]. »

Il est vrai que pour former une religion véritable, ces

1. *Loc. cit.*, p. 13.
2. *Ibid.*, p. 21.
3. *Ibid.*, p. 20.

croyances obligatoires devront être étroitement liées à des pratiques régulières correspondantes.

Ainsi M. Durkheim considère la religion comme un fait social qui n'a rien de mystérieux. Le fait religieux est de toutes les époques et de toutes les civilisations. Il se manifeste dans les sociétés en apparence les plus incrédules, les plus irréligieuses. Il a pour origine, non des sentiments individuels, mais des états de l'âme collective et il varie comme ces états[1]. Étant essentiellement humain, le fait religieux est éternel. Il durera aussi longtemps qu'il y aura des hommes. C'est la société qui prescrit au fidèle les dogmes qu'il doit croire et les rites qu'il doit observer. « Rites et dogmes sont son œuvre[2] ». La notion du sacré est d'origine sociale. A l'étudier de près, on voit qu'elle n'est « qu'un prolongement des institutions publiques[3] ».

Autres caractères du fait religieux. — A cette définition, que je fais mienne, j'ajouterai quelques traits. Le phénomène religieux s'accompagne toujours, dans sa période de formation, d'une surexcitation générale de la sensibilité, d'une vive appétition vers le bonheur. Presque immédiatement aussi, les croyances religieuses se concrétisent dans des objets matériels, dans des symboles, qui sont à la fois des signes de ralliement pour les croyants et des sortes de talismans, en lesquels ils placent leurs espérances les plus intimes et que par conséquent ils ne souffrent pas qu'on méprise ou qu'on méconnaisse. Très souvent encore, les croyants, surtout les néophytes, sont animés d'une rage destructrice contre les symboles des autres cultes. Très souvent enfin, ils mettent en interdit, quand ils le peuvent, tous ceux qui ne partagent pas leur foi, qui n'adorent pas leurs symboles, et ils les frappent, pour ce seul crime, de peines spéciales, ils les mettent hors la loi de la communauté dont ils font partie.

1. *Loc. cit.*, p. 24.
2. *Ibid.*, p. 23.
3. *Ibid.*, p. 28.

III

De l'existence d'une religion révolutionnaire. — Si je montre que les révolutionnaires, que les « patriotes », comme ils aimaient à s'appeler, ont eu, malgré leurs divergences, un fond de croyances communes, s'ils ont symbolisé leurs croyances dans des signes de ralliement pour lesquels ils professèrent une véritable piété, s'ils ont eu des pratiques, des cérémonies communes où ils aimaient à se retrouver pour manifester en commun une foi commune, s'ils ont voulu imposer leurs croyances et leurs symboles à tous les autres Français, s'ils ont été animés d'une fureur fanatique contre tout ce qui rappelait les croyances, les symboles, les institutions qu'ils voulaient supprimer et remplacer, si je montre tout cela, n'aurai-je pas le droit de conclure qu'il a existé une religion révolutionnaire, analogue en son essence à toutes les autres religions ? Et s'il en est ainsi, comment continuer à ne voir, dans les cultes révolutionnaires, que je ne sais quelles constructions factices, quels expédients improvisés, quels instruments éphémères au service des partis politiques ?

Quoi qu'en ait dit Edgar Quinet, je me propose précisément de faire voir que pour la sincérité religieuse, pour l'exaltation mystique, pour l'audace créatrice, les hommes de la Révolution ne le cèdent en rien aux hommes de la Réforme, et que ces deux grandes crises, Réforme et Révolution, ne sont pas l'une sociale, l'autre religieuse, qu'elles sont l'une et l'autre sociales et religieuses au même degré.

Mais, ne manquera-t-on pas de m'objecter tout de suite, les cultes protestants subsistent toujours, les cultes révolutionnaires ont disparu. A cela, je réponds dès maintenant que la religion révolutionnaire n'est pas si complètement éteinte qu'on ne se le figure, que les cultes révolutionnaires pourraient bien renaître un jour sous de nouvelles formes, et je réponds aussi que l'échec religieux de la Révolution ne peut enlever à la Révolution le caractère religieux. La Réforme, elle aussi, avant de réussir, n'avait-elle pas échoué plusieurs fois avec Valdès, Hus et Wicliff ?

IV

Le Credo commun des révolutionnaires. Son origine dans la philosophie du XVIIIme siècle. — Si différents qu'ils aient été les uns des autres et quelle que soit la distance qui sépare un Robespierre d'un Chaumette, un Danton d'un Boissy d'Anglas, les révolutionnaires n'en ont pas moins vécu sur un fonds d'idées et de croyances, sur un formulaire, sur un credo plus ou moins inconscient qu'il est facile de retrouver chez tous à peu près identique. Les principes derniers de leurs jugements en politique comme en religion, les tendances directrices de leur esprit, les grandes lignes de l'idéal qu'ils rêvent, tout cela est sorti en droite ligne de la philosophie du XVIIIme siècle. Et je sais bien que les philosophes eux-mêmes ne se sont nulle part concertés ni entendus sur un programme précis, et je n'ai garde de méconnaître leurs divergences parfois profondes, mais il n'en est pas moins vrai qu'à les prendre d'un peu haut et d'ensemble, il ressort de leurs œuvres diverses un enseignement commun, des aspirations communes.

Tous se sont préoccupés, au plus haut point, de ce que nous appelons aujourd'hui la question sociale. Tous ont plus ou moins construit leur cité future, tous ont cru à la toute-puissance des *institutions* sur le bonheur des hommes. Plus que personne, Montesquieu a le sentiment de la grandeur de l'organisation sociale, d'où il fait découler la morale même. Il croit qu'il suffit de changer à propos les lois, pour améliorer la société et même la régénérer. Les Encyclopédistes ne pensent pas autrement. Ils attendent des lois la réforme et l'ordination des mœurs. A les entendre, il y a entre les hommes beaucoup moins de différences qu'on ne croit, et ces différences peuvent être atténuées de plus en plus par l'éducation. J. J. Rousseau affirme le droit, nouveau alors et même inouï, de l'État à distribuer l'instruction publique. Par les lois d'une part, par l'éducation de l'autre, le progrès est possible et la route du bonheur est au bout. Or, le bonheur est le but de l'association politique.

Telle est la grande idée essentielle de la philosophie du XVIIIme siècle : *l'homme peut améliorer indéfiniment sa condition en modifiant l'organisme social.*

L'organisme social peut et doit être instrument de bonheur; d'instrument de bonheur à objet de vénération, de culte, il n'y a qu'un pas.

Opposition de l'idéal philosophique et de l'idéal chrétien. — Une pareille conception ne pouvait manquer d'être un jour en désaccord avec l'ancien idéal chrétien. Pour le chrétien, en effet, la vie terrestre n'est qu'une vallée de larmes, dans laquelle on ne peut goûter le véritable bonheur, que Dieu réserve dans l'autre monde à ses élus. Pour le chrétien, l'instrument du bonheur ne saurait être l'institution sociale, « mon empire n'est pas de ce monde »; l'instrument du bonheur, c'est l'institution religieuse; c'est l'Église, intermédiaire et truchement de la Divinité; l'Église, qui, seule, possède les recettes sacrées pour atteindre la puissance surnaturelle; l'Église, qui révèle les saints mystères, distribue les sacrements, réconcilie la créature et le Créateur, ouvre ou ferme le chemin des suprêmes béatitudes. Or, voici qu'une doctrine nouvelle enseigne que la recherche du bonheur est œuvre humaine; que ce bonheur peut s'obtenir non plus par des prières, des mortifications, des intercessions miraculeuses. mais par des votes, des délibérations, des lois!

Sans doute la nouvelle conception n'abolit pas complètement l'ancienne. A côté de la recherche du bonheur présent, il y a encore place pour la recherche d'un bonheur futur. Au début, tout au moins, la religion révolutionnaire compta de sincères chrétiens parmi ses fidèles. Mais que, par le jeu des événements, les deux religions paraissent incompatibles : que le clergé de l'ancienne se mette en travers de l'œuvre des fondateurs de la nouvelle, et alors se fera la scission. Les Français se diviseront en deux camps et les deux cultes se traiteront en ennemis.

La conception de l'État chez les philosophes. — Novateurs par tant de côtés, les philosophes sont cependant restés des hommes de leur temps, des hommes d'ancien régime. Comme tous les Français d'alors, ils ont la passion de l'unité. Ils vivent au milieu d'une société qui est restée harmonique au moins dans ses principes. Ils voient autour d'eux que l'institution politique et l'institution religieuse se prêtent un mutuel appui, que le trône est adossé contre l'autel.

Qu'ils s'en rendent un compte plus ou moins clair, ils construisent leur cité future avec les éléments de la cité présente. Partisans résolus de la tolérance religieuse, de la liberté de tous les cultes, ils ne conçoivent pas cependant un Etat qui se désintéresserait des religions, un Etat sans religion, un Etat neutre, laïque. S'ils sont tolérants, ce n'est pas par pure indifférence religieuse, c'est qu'ils sont convaincus, la plupart, de l'identité foncière de toutes les religions, qu'ils estiment que toutes les religions se valent, toutes enseignant la même morale. Ce fond commun des religions, l'Etat doit veiller à ce qu'il n'y soit porté aucune atteinte. L'Etat est constitué par les philosophes comme le gardien suprême de la Morale et de la Religion. Et c'est précisément pour cela, parce que l'Etat a une mission morale à remplir, que les philosophes sont à l'aise pour lui subordonner les religions et pour lui donner sur elles comme un droit de censure. « L'Etat, ce me semble, dit l'abbé Raynal, n'est pas fait pour la religion, mais la religion est faite pour l'Etat... » Et ailleurs : « quand l'Etat a prononcé, l'Eglise n'a plus rien à dire[1] ».

La religion civile de Rousseau. — Tous les philosophes sont d'accord au fond sur cette conception de l'État[2] ; mais aucun d'eux ne l'a exposée d'une façon plus précise et plus systématique que Jean-Jacques dans son *Contrat Social*. Pour Rousseau, l'État doit être avant tout une personne morale. Le Contrat qui lui donne l'existence, l'être, est *saint*. Saint, cela ne veut pas dire seulement « obligatoire et impératif »[3], mais digne d'un respect religieux comme une chose de nature à faire le bien de l'humanité.

Personne morale, l'État a des devoirs moraux à remplir. Le premier de ses devoirs est justement de préparer le bonheur de ses membres, le bonheur dans tous les sens du terme. La fin de l'État c'est le *bien commun*[4]. L'État est matière et instrument de bonheur comme la Religion. Son contrat constitutif est saint par définition, car si ce contrat n'était pas saint, c'est-à-dire conforme à la loi morale, expression définitive du bonheur commun, il ne pourrait pas donner naissance à un État véritable, à un État légitime, à une personne morale.

Comment l'État remplira-t-il sa mission morale et providentielle ? Par la Loi. La Loi est le moyen par lequel l'État poursuit sa fin, qui est le bonheur commun. La Loi est par définition l'expression de la volonté générale, qui est elle-même identique à l'intérêt général. Les hommes, étant corrompus, sont incapables de comprendre leur véritable intérêt et par suite d'avoir une volonté générale conforme au bien commun, par suite encore de faire eux-mêmes la Loi. On aura donc recours à des hommes élevés par leur intelligence

---

1. Cité par M. Aulard, *Le Culte de la Raison*..., p. 8 et 10.

2. Voir les textes réunis par M. Aulard dans le chapitre Ier de son *Culte de la Raison* : Les Philosophes.

3. Comme l'explique le dernier éditeur du *Contrat*, M. Georges Beaulavon (Paris, 1903, in-8), p. 133, note 1.

4. Livre Ier, chap. Ier, p. 145 de l'édition Beaulavon.

et leur moralité au-dessus de l'humanité, à des *Législateurs* qui prépareront dans le recueillement le Contrat social, la Constitution idéale, la Loi. « Il faudrait des dieux pour donner des lois aux hommes. » (livre II, chap. VII). « Celui qui ose entreprendre d'instituer un peuple doit se sentir en état de changer pour ainsi dire la nature humaine... » (*ibid.*). Le Législateur proposera la Loi au peuple comme Moïse l'a proposée aux Hébreux (comme Rousseau l'a proposée aux Polonais et aux Corses). Cette Loi portera en elle-même une telle force persuasive qu'elle sera non seulement adoptée par le peuple mais vénérée par lui, sinon à l'instar d'un don surnaturel, du moins comme l'expression « d'une raison sublime. »

Il n'y a pas de place dans une pareille conception de l'État pour des religions particulières. Rousseau regrette la séparation du système politique et du système religieux, résultat du triomphe du christianisme (livre IV, chap. III). Comme Hobbes, il veut « réunir les deux têtes de l'aigle et tout ramener à l'unité politique, sans laquelle jamais État ni gouvernement ne sera bien constitué. » Les Saint-Simoniens, Auguste Comte rêveront le même rêve.

Mais comment dans la pratique supprimer l'opposition des deux royaumes, du spirituel et du temporel, rendre à l'État les attributions morales dont l'Église l'a dépouillé ? Rousseau répond : par la religion civile. Il ne s'agit pas du tout de constituer de toutes pièces une religion nouvelle. Nullement.

La religion civile de Rousseau n'est pas à créer, elle a toujours existé, elle est aussi ancienne que l'homme même, elle est le fond commun de toutes les religions, de toutes les sociétés. Une société ne peut pas vivre sans un minimum de postulats acceptés comme d'instinct par tous ses membres et c'est là, pour le dire en passant, une vue très profonde. Pour établir la religion civile qui donnera à l'État la force morale qui lui est nécessaire, le Législateur n'aura qu'à dégager de la masse des superstitions et des préjugés qui les ont recouverts ces quelques postulats simples, indiscutables qu'on retrouve à la base de l'humanité : « l'existence de la Divinité puissante, intelligente, bienfaisante, prévoyante et pourvoyante, la vie à venir, le bonheur des justes, le châtiment des méchants, la sainteté du Contrat social et des lois... »

Rousseau espère bien — sans qu'il le dise ouvertement — que cette religion civile ou naturelle supplantera peu à peu en les rendant inutiles les religions positives, toutes inciviles. Son État est à la fois religieux par la mission morale qui est sa raison d'être et anti-religieux par son action nécessaire, quoique tolérante, contre les anciens cultes qui sont autant d'obstacles à l'accomplissement de sa mission.

Si cette interprétation du *Contrat* est valable, on comprend mieux, ce me semble, la place de la religion civile dans l'ensemble du système. La Loi est la volonté générale, dit Rousseau, mais pour que la Loi soit réellement la volonté générale, pour qu'elle n'opprime pas les individus, il faut qu'elle soit autant que possible acceptée par eux tous librement et sciemment. Comment en sera-t-il ainsi s'il n'y a pas accord préalable entre eux sur les principes mêmes de la société? Tout se tient donc logiquement dans cette conception. Otez la religion civile à l'État de Rousseau et vous lui enlevez du même coup la possibilité, l'être.

Cette conception de l'État n'était ni originale, ni singulière dans son temps. Tous les philosophes du XVIIIe siècle l'ont admise implicitement. Tous ont cru que la Loi pouvait et devait être un instrument de bonheur, tous ont proclamé que l'État avait une mission morale à remplir.

De quel droit auraient-ils mis l'Église sous la surveillance de l'État, s'ils n'avaient pas attribué à celui-ci un idéal supérieur?

Les Révolutionnaires ne firent qu'appliquer dans leurs constitutions et leurs lois ces données théoriques qui, sans être particulières à Rousseau, n'ont été par personne formulées avec autant de rigueur. L'institution de leurs cultes civiques ne sera que la réalisation imprévue et presque inconsciente, puis voulue et systématique du dernier chapitre du *Contrat social*.

V

La foi révolutionnaire, ses premières manifestations. — La convocation des États Généraux donna aux doctrines des philosophes, qui flottaient dans l'air, l'occasion d'entrer dans la pratique, de subir l'épreuve des faits, et les transforma peu à peu, de simples vues de l'esprit qu'elles étaient encore, en véritables croyances religieuses.

Au début de 89, il semble que les Français, en proie à un fébrile enthousiasme, vivent dans l'attente d'un miracle qui va changer la face de la terre. Les députés, qu'ils ont envoyés aux États-Généraux, sont les artisans de ce miracle. Ils ont reçu mission d'opérer la *régénération*, non pas seulement de leurs concitoyens, mais de l'espèce humaine tout entière. Ce mot de *régénération* revient sans cesse dans tous les documents de l'époque, sous la plume des plus savants comme des plus ignorants, et particulièrement dans les centaines d'adresses à l'Assemblée nationale.

Le législateur prêtre du bonheur social. — Les premiers actes des « législateurs », c'est ainsi qu'on appelle ces prêtres du bonheur social, leur résistance aux projets des aristocrates, le 14 juillet, la nuit du 4 août ne font que justifier et qu'accroître la confiance mystique que le peuple a mise en eux. A ceux d'entre eux, même les plus humbles, qui meurent, des honneurs funèbres sont prodigués[1]. Les simples s'ingé-

1. *Honneurs funèbres rendus à Besançon à M. Blanc, premier député du Tiers-Etat de cette ville, décédé à Versailles au mois de Juillet.* A Besançon, le 18 Juillet 1789 (Bibl. de la Ville de Paris, 12.272). Sous forme de lettre non signée. On lit p. 7 : « Si de tels honneurs ont été dus et conférés à l'un de MM. les députés, à raison de la fermeté que tous ont montrée jusqu'ici (car on n'a eu en vue que de les honorer tous en la personne de l'un d'eux), à quoi ne doivent-ils pas prétendre et s'attendre s'ils deviennent artisans de notre bonheur, par des règlements sages et utiles ? »

nient à rechercher les moyens les plus propres à leur témoigner la reconnaissance et l'admiration universelles[1]. Leur personne est entourée d'une vénération naïve. Des représentants obscurs seront parfois l'objet d'une idolâtrie qui s'adressera moins à leur personne qu'au caractère dont ils étaient revêtus. Le Conventionnel Du Roy écrira de Saint-Dizier au Comité de Salut Public, le 25 février 1794 : « J'ai vu là un fanatisme d'un autre genre, mais qui ne m'a pas déplu, des femmes se précipitaient auprès de moi pour toucher mes habits et se retiraient contentes[2] ».

La Déclaration des Droits. — A la foi nouvelle, il faut un credo nouveau. Déjà, le Tiers-Etat de Paris avait proposé dans son cahier une Déclaration des Droits ; « Dans toute société politique, y était-il dit, tous les hommes sont égaux en droits. Tout pouvoir émane de la nation et ne peut être exercé que pour *son bonheur*...[3] » L'Assemblée nationale rédigea et imposa à tous les Français ce formulaire religieux réclamé par le Tiers parisien. On y retrouve dans une forme brève et concise le fond de la pensée des Philosophes.

A lire le compte-rendu des débats, il est manifeste que les législateurs prenaient tout à fait au sérieux leur rôle de prêtres du bonheur public, et on comprend mieux le célèbre parole de Camus : « Nous avons assurément le pouvoir de changer la religion...[4] » Cela voulait dire qu'aucun obstacle, même des plus respectables, ne devait empêcher les apôtres du nouvel évangile d'accomplir leur mission providentielle.

Ecoutons les orateurs qui se succèdent à la tribune,

1. Un curieux projet de *Fête nationale qui sera célébrée le jour immortel du 4 Août* (Bibl. de la Ville de Paris, 12.272) stipule : « Tous les députés de 1789, qui ne sont pas nobles, le deviennent en ce moment. Eux et leurs descendants seront à mérite égal, toujours préférés pour les places de municipalité dans leurs provinces ou dans les Etats provinciaux »,

2. Aulard, *Actes du Comité de Salut public*, t. XI, p. 405.

3. *Moniteur*, réimp. 1863, Introduction, p. 567.

4. Séance du 1er juillet 1790. *Moniteur*, réimp., t. IV, p. 515.

dans ce grand débat de la Déclaration des Droits [1]. Le 27 juillet, Clermont-Tonnerre affirme à plusieurs reprises dans son projet le devoir de l'État de faire le bonheur de ses administrés.

« Art. Ier. Tous les hommes ont un penchant invincible vers la recherche du bonheur ; c'est pour y parvenir par la réunion de leurs efforts qu'ils ont formé des sociétés et établi des gouvernements. Tout gouvernement doit donc avoir pour but la félicité publique.

« Art. IX. Le gouvernement, pour procurer la félicité générale, doit protéger les droits et prescrire les devoirs... »

Le 1er août, le comte Mathieu de Montmorency proclame les droits de l'homme « invariables comme la justice, éternels comme la raison ». « La vérité, ajoute-t-il, conduit au bonheur. » Target demande « quel est l'objet de la Constitution ? » et répond : « C'est l'organisation de l'État. » — « Quel en est le but ? » « C'est le bonheur public. » Et il définit ce bonheur public le bonheur naturel de tous les citoyens par « l'exercice plein, entier et libre de tous leurs droits ».

Grandin déclare qu' « une Déclaration des Droits est comme un traité de morale ».

Barnave souhaite qu'elle devienne « le catéchisme national ».

Le 3 août, au soir, un curé, qui n'est pas nommé, parle de la Constitution comme d'une chose sacrée. « Vous allez enfin préparer une nouvelle Constitution à un des plus grands empires de l'Univers ; vous voulez montrer cette divinité tutélaire, aux pieds de laquelle les habitants de la France viennent déposer leurs craintes et leurs alarmes. Vous leur direz, voilà votre Dieu, adorez-le... »

Le 14 août, Mirabeau traduit dans une belle envolée les

1. J'emprunte le compte rendu des séances au tome Ier de la réimpression de l'*Ancien Moniteur*. Bien que ce tome premier ait été composé après coup en l'an IV, on peut s'y fier dans une large mesure, car il reproduit en grande partie le *Courrier de Provence*.

communes espérances de la foi nouvelle. « Chaque progrès de la Constitution des grands Etats dans leurs lois, dans leur gouvernement agrandit la raison et la perfectibilité humaine. Elle vous sera due, cette époque fortunée, où tout prenant la place, la forme, les rapports que lui assigne l'immuable nature des choses, la liberté générale bannira du monde entier les absurdes oppressions qui accablent les hommes, les préjugés d'ignorance et de cupidité qui les divisent, les jalousies insensées qui tourmentent les nations et fera renaître une fraternité universelle sans laquelle tous les avantages publics et individuels sont si douteux et si précaires. C'est pour nous, c'est pour nos neveux, c'est pour le monde entier que vous travaillez, vous marcherez d'un pas ferme, mais mesuré vers ce grand œuvre... Les peuples admireront le calme et la maturité de vos délibérations et l'espèce humaine vous comptera au nombre de ses bienfaiteurs... »

Rabaut Saint-Etienne dira enfin, le 18 août, qu'il faut que la Déclaration devienne « l'alphabet des enfants »: « C'est avec une si patriotique éducation, continue-t-il, qu'il naîtrait une race d'hommes forts et vigoureux qui sauraient bien défendre la liberté que nous leur aurions conquise. »

Faut-il rappeler que le préambule de la Déclaration commence ainsi : « l'ignorance, l'oubli ou le mépris des droits de l'homme sont les seules causes des malheurs publics et de la corruption des gouvernements », et que l'article II renferme cette phrase : « Le but de toute association politique est la conservation des droits naturels et imprescriptibles de l'homme », droits dont l'exercice, nous a dit Target, constitue le bonheur social ?

Il y a donc en résumé une foi politique, dont les dogmes principaux ont été enseignés par les philosophes :

L'État peut et doit assurer le bonheur social. La loi, œuvre des législateurs, est l'instrument de ce bonheur. Comme telle, elle a droit à tous les respects. C'est une sorte de talisman protecteur qu'on ne saurait trop vénérer. « Non seulement, le peuple doit observer la loi, mais il doit l'adorer.

Le patriotisme n'est en effet qu'un sacrifice perpétuel à la loi, en un mot, tant que le nom de la loi ne sera pas aussi sacré que celui des autels et aussi puissant que celui des armées, notre salut est incertain et notre liberté chancelante...[1] »

« L'Évangile fonda la Religion des consciences, précise G. Romme, la Loi est la Religion de l'État, qui doit avoir aussi ses ministres, ses apôtres, ses autels et ses écoles...[2] ». « La Loi est mon Dieu, je n'en connais point d'autre », s'écrie le fougueux Isnard à la tribune de la Législative[3]. « Le premier des cultes, c'est la Loi » répète P. Manuel.[4] »

La foi nouvelle inspire des inquiétudes au clergé. — Bien qu'entraîné au début par l'enthousiasme général, le clergé sentit pourtant confusément que la foi nouvelle pourrait bien être à bref délai une ennemie ou tout au moins une rivale pour la foi ancienne. A la séance du 3 août 1789, l'évêque de Chartres émit la crainte que la Déclaration n'éveillât l'égoïsme et l'orgueil au cœur des Français et il demanda qu'on la fît précéder « de quelques idées religieuses noblement exprimées ». « La Religion ne doit pas, il est vrai, être comprise dans les lois politiques, mais elle ne doit pas y être étrangère ». — L'abbé Grégoire à son tour vint plaider le 18 août la cause de la Divinité. L'assemblée, à l'en croire, n'avait pas paru assez se soucier des droits de la Religion. Mais personne alors ne fit attention à ces craintes.

VI

Caractère religieux de la foi nouvelle. — Pour qu'une croyance, commune à un même groupe d'hommes, ait le

1. *Feuille Villageoise*, avis précédant la seconde année (1791).
2. Lettre de G. Romme à la *Feuille Villageoise*, n° du 21 juillet 1791.
3. Séance du 14 nov. 1791, cité par Sciout, *Histoire de la Constitution civile du clergé*, 1872-81, 4 vol. in-8, t. III, p. 50, note, d'après le *Journal des débats et décrets*.
4. Proclamation adressée aux Parisiens après le 10 août, citée par Sciout, *ibid.*, t. III, p. 223.

caractère de croyance religieuse, il faut qu'elle s'impose obligatoirement à tous les membres du groupe. C'est une des règles que nous avons posées dans notre définition du début. Or, les vérités formulées dans la Déclaration des Droits se donnent pour des vérités obligatoires. La Constitution de 1791 stipule que, pour être citoyen actif, il est nécessaire de prêter le *serment civique*, c'est-à-dire d'adhérer de la manière la plus solennelle à l'institution politique nouvelle, à la Constitution, dont la Déclaration des Droits est la partie dogmatique [1]. Ceux qui refusent de jurer le credo politique sont donc retranchés de la communauté, frappés d'une excommunication civile. En revanche, un étranger peut entrer dans la patrie française, être admis au culte de la religion nouvelle, à la seule condition de fixer son domicile en France et d'y prêter le serment civique. Inversement, la Législative décernera le titre de citoyen français à Schiller, à Thomas Paine, à David Williams, etc., pour les récompenser d'avoir travaillé hors de France à l'œuvre de la régénération. Déjà, sur la demande d'Anacharsis Cloots, un groupe d'étrangers avait figuré à la fête de la Fédération. Dès le début, la foi nouvelle était une foi universelle, internationale, une vraie foi.

Origine spontanée du serment civique. — Il n'est pas indifférent de constater que l'obligation du serment civique ne fut pas imposée aux Français par une autorité en quelque sorte extérieure à eux, que, si elle devint plus tard la loi d'un parti, elle fut, dans le principe, allègrement acceptée, désirée partout, qu'elle eut une origine sociale. C'est spontanément, sans préméditation ni commandement d'aucune sorte, mais dans un libre enthousiasme, que les Français jurent, lors des Fédérations, « respect et soumission sans bornes à la Constitution », qu'ils s'engagent à « soutenir les décrets de l'Assemblée,

1. Constitution de 1791, titre III, chap. 1er, sect. II, art. 2.

même au péril de la vie », à « maintenir les droits de l'homme et du citoyen », à « vivre libres ou mourir »[1]. Répéter ce serment ne coûte pas au peuple, au contraire! Il semble qu'il prenne plaisir à renouveler à toutes les occasions cet acte de communion mystique avec la Patrie. Le 8 février 1790, à Paris, au moment où les corporations et les autorités jurent de rester fidèles à la Nation, à la Loi et au Roi, et de maintenir la Constitution, les femmes, les enfants, les ouvriers, les domestiques, accourus en foule, mettent une joie enfantine à redire la magique formule. « Le peuple, dit le *Moniteur*, était ivre de joie d'être sorti depuis deux jours de la servitude. »

A Rouen, lors d'une semblable cérémonie, la ville tout entière illumine à l'improviste. Les scènes de ce genre furent innombrables.

Continuité de la foi révolutionnaire. — Cette origine sociale du serment civique achève d'imprimer à la foi révolutionnaire le caractère de foi religieuse. Ce n'est pas sur une révélation et des mystères, comme dans la plupart des religions positives; sur la végétation, comme dans les cultes agraires; sur une espèce animale, comme dans les cultes totémiques, mais sur l'institution politique elle-même que s'applique cette foi nouvelle, — et ceci la distingue de toutes les autres. Liée à l'institution politique, cette foi subira les mêmes fluctuations que l'objet auquel elle s'applique. Quand les lois, quand les législateurs sont populaires, quand on attend beaucoup de leur intervention, la foi révolutionnaire est fort vive, comme au temps de la Fédération, comme dans les grands périls de 93. Mais, si l'institution politique paraît faillir à ses promesses; si les législateurs se montrent incapables ou corrompus, comme sous le Directoire, la foi révolutionnaire s'affaiblit et dévie. Mais, jusqu'à la fin, cette foi reste

1. Serment de la Fédération bretonne à Pontivy le 15 janvier 1790, cité par M. J. Bellec dans *La Révolution française*, t. XXVIII, p. 25.

identique en son fond. Les Déclarations des Droits de 1793 et de l'an III ne diffèrent pas essentiellement de celle de 1791. Elles reposent toutes les trois sur la même conception de l'État-Providence. Toutes les trois aussi, elles considèrent les droits politiques comme le prolongement des droits naturels. La tendance morale est seulement plus forte dans celle de l'an III que dans les deux autres.

Pendant tout le cours de la Révolution, les législateurs, ces « premiers organes des lois de la nature ». gardent la plus haute idée de leurs fonctions. « Représentants du peuple, s'écrie Manuel le 21 septembre 1792, la mission dont vous êtes chargés exigerait et la puissance et la sagesse des dieux. Lorsque Cinéas entra dans le Sénat de Rome, il crut voir une assemblée de rois. Une pareille comparaison serait pour vous une injure. Il faut voir ici une *assemblée de philosophes occupés à préparer le bonheur du monde*[1]. » — « Notre mission est grande; elle est sublime, » ajouta Couthon à la même séance. Le lieu des séances de l'Assemblée s'appelle couramment le « temple de la Constitution », et l'expression n'est pas seulement une périphrase pompeuse. On imprimait en livrets d'un petit format le texte de la Constitution, afin que chacun pût le porter sur soi, comme un bréviaire ou un livre sacré. A la première séance de la Législative, douze vieillards allèrent en procession quérir le livre de la Constitution. Ils revinrent, ayant à leur tête l'archiviste Camus, qui portait, à pas lents, en le soutenant de ses deux mains et en l'appuyant sur sa poitrine, le nouveau Saint-Sacrement des Français. Tous les députés se levèrent et se découvrirent. Camus garda les yeux baissés, l'air recueilli.

En l'an III encore, quand la foi révolutionnaire était déjà bien tombée, le député Rouzet définissait en ces

1. *Moniteur*, réimp., t. XIV, p. 7.

termes l'état d'esprit des auteurs de la première Déclaration des Droits : « L'Assemblée constituante crut devoir garantir son ouvrage par l'établissement d'une sorte de *culte politique*, qui entretient dans l'âme des régénérés l'inquiétude inséparable de toutes les grandes passions, et la table des Droits de l'homme fut le talisman avec lequel elle se promit de conserver le feu sacré qu'elle avait si facilement allumé... [1] » On ne saurait mieux caractériser ce *culte politique*, imprécis d'abord et inconscient, qui naquit avec la Révolution, qui se précisa ensuite, s'agrandit et s'extériorisa dans les cultes révolutionnaires proprement dits.

Jusqu'à la fin de la Révolution, la pratique des serments civiques resta strictement obligatoire. Ainsi le citoyen rendit témoignage de son adhésion aux dogmes nécessaires à la vie de la société, à la bonne marche des institutions, considérées comme sacrées. Ainsi le magistrat promit de se consacrer tout entier au bonheur commun. Ainsi furent départagés les bons et les méchants, les fidèles et les profanes, ceux-ci frappés d'incapacités, traités en suspects, en coupables, en sacrilèges. C'est par un serment que s'était constituée, le 20 juin 1789, l'Assemblée nationale, c'est par un serment que la Convention ouvrit sa première séance, par un serment que s'était terminée l'insurrection du 10 août, que commença celle du 31 mai. C'est par des serments qu'au temps du Directoire les patriotes crurent enrayer la réaction royaliste et réveiller la foi politique [2]. Les fonctionnaires qui refusaient le serment furent considérés comme ennemis de l'Etat, rebelles aux lois. Le député Delleville demanda qu'ils fussent déportés (11 ventôse an IV), et la peine fut inscrite dans la loi. Les électeurs eux-mêmes, comme on l'a vu,

---

1. Convention, séance du 16 messidor an III, dans le *Moniteur*, réimp., t. XXV, p. 149.

2. Le 22 nivôse an IV, le député Duhot fit décréter que les Cinq Cents jureraient tous les ans, au 21 janvier, haine à la royauté. Le même serment fut exigé de tous les fonctionnaires.

étaient astreints au serment, sous peine de la privation des droits civiques.

Par le mysticisme qui s'y mêle, par les espérances de bonheur qu'elle suscite, par son caractère obligatoire, par sa continuité, il semble donc que la foi révolutionnaire a toutes les apparences d'une foi religieuse.

VII

Le symbolisme révolutionnaire. — Mais ce qui achève de justifier cette identification, c'est que la foi révolutionnaire, à l'exemple de la foi religieuse, s'exprima extérieurement, presque dès le début, par des symboles définis et exclusifs et qu'elle s'accompagna en même temps de pratiques, de cérémonies régulières, qu'elle fut liée à un culte.

Le symbolisme révolutionnaire, qui s'est formé comme au hasard, sans idées préconçues et sans plan d'ensemble, avec une spontanéité remarquable, au cours des années 1789, 1790 et 1791, fut l'œuvre commune de la bourgeoisie et du peuple. La bourgeoisie, élevée et comme baignée dans la culture classique, hantée des souvenirs de la Grèce et de Rome, emprunta généralement à l'antiquité les objets, les légendes, les emblèmes les plus propres à manifester au dehors ses espérances et à servir de signes de ralliement aux partisans de l'ordre nouveau. Comme elle était accoutumée à se réunir dans les loges, alors fort nombreuses, elle joignit à ses emprunts classiques quelques additions maçonniques. Enfin elle copia naturellement les cérémonies de l'ancien culte. Mais le symbolisme ainsi inventé fût resté froid, académique, si le peuple, en l'adoptant. en le faisant rapidement sien, ne lui avait communiqué chaleur et vie.

La cocarde. — Le premier des symboles révolutionnaires fut la *cocarde* tricolore arborée dans la période de fièvre qui suivit le 14 juillet. La nouvelle de l'outrage fait au signe patriotique par les gardes du corps à Versailles suffit pour provoquer l'émeute des 5 et 6 octobre. De Paris, le culte des trois couleurs se répandit comme une traînée de poudre dans toute la France. Les Fédérations arborèrent avec orgueil le drapeau tricolore, et le cœur des foules battit plus vite à sa vue. A la Fédération de Strasbourg (13 juin 1790), des bons villageois demandèrent avec attendrissement comme une faveur d'être admis à toucher le drapeau des gardes nationales. Les couleurs de la nation ne tardèrent pas à remplacer universellement les couleurs du Roi. Le Roi lui-même dut arborer le signe de la religion nouvelle et faire défense, le 29 mai 1790, de porter d'autre cocarde que la nationale.

Bientôt une série de mesures législatives rendirent le signe obligatoire pour tous les citoyens [1] et même pour toutes les citoyennes [2].

Autels de la Patrie. — En même temps qu'ils symbolisaient leur foi dans les trois couleurs, les Français élevaient de toutes parts sur les places publiques des *autels de la Patrie.* Le premier de ces monuments fut sans doute celui que le franc-maçon Cadet de Vaux fit construire dans sa propriété de Franconville-la-Garenne au début de 1790. « Elevé sur un tertre formant un bois sacré », cet autel fait d'un seul bloc de pierre avait la forme triangulaire. Il était surmonté de « faisceaux d'armes, avec leurs haches. » — Au milieu se dressait « une pique de 18 pieds de hauteur surmontée du bonnet de la Liberté, ornée de ses houppes. » — La pique supportait « un bouclier antique offrant d'un côté l'image de M. De La Fayette avec cette légende :

Il hait la tyrannie et la rébellion.

(Henriade.)

de l'autre une épée, des étendards en sautoir, le tout en métal fondu ». Sur les trois faces de l'autel on lisait ces inscriptions :

---

1. Décret des 4-8 juillet 1792, art. 16 et 17.
2. Décret du 21 septembre 1793.

« Il fut des citoyens avant qu'il fut des maîtres,
Nous rentrons dans les droits qu'ont perdus nos ancêtres. »
(Henriade.)

Nous allons voir fleurir la Liberté publique,
Sous l'ombrage sacré du pouvoir monarchique.
(Voltaire, *Brutus.*)

On s'assemble, on conspire, on répand des alarmes,
Tout bourgeois est soldat, tout Paris est en armes[1].
(Henriade.)

L'autel de la Patrie eut une fortune aussi rapide que la cocarde nationale. En quelques mois il fit le tour de France. Tantôt c'était un riche particulier qui en dotait ses concitoyens[2], tantôt c'était une souscription publique qui en faisait les frais, tantôt encore il était construit par les citoyens de toutes les classes qui maniaient la pelle et la pioche avec un bel entrain patriotique. Ses formes varièrent avec les ressources des localités, le goût et le caprice des habitants. Mais partout il fut le lieu de réunion préféré des patriotes, le but de leurs pèlerinages civiques, le premier et le plus durable sanctuaire de la nouvelle religion[3]. Légiférant sur un fait accompli, la Législative décréta, le 26 juin 1792, que « dans toutes les communes de l'Empire, il serait élevé un autel de la Patrie, sur lequel serait gravée la Déclaration des Droits avec l'inscription : *Le citoyen naît, vit et meurt pour la patrie.* »

Les autels de la Patrie, qu'on appelait aussi autels de

1. D'après le procès-verbal intitulé: *Cérémonie religieuse et civique qui a eu lieu le 26 juin 1792 en l'honneur de Gouvion à Franconville-la-Garenne*, s. d. in-8, 11 p. Bib. nat., Lb39 6012.

2. Comme à Autun. Voir l'article de M. Le Téo, *Étude sur l'Autel de la Patrie d'Autun* dans *La Révolution française*, 1889, t. XVII, p. 187 et suiv.

3. Dès le début l'autel de la Patrie fut environné d'un respect religieux. Le 6 décembre 1790, des écoles du Collège irlandais ayant renversé en jouant l'un des vases de l'autel de la Patrie au Champ-de-Mars, les patriotes crièrent à la profanation et demandèrent un sévère châtiment des coupables. (Tourneux, *Bibliographie*, t. Ier, nos 2037 et suiv.).

la Liberté, resteront debout jusqu'aux premiers jours de l'Empire.

Arbres de la Liberté. — A peine les autels de la Patrie étaient-ils dressés que les *arbres de la Liberté* venaient les ombrager. D'après Grégoire, le premier qui fut planté en France l'avait été par Norbert Pressac, curé de Saint-Gaudens, près Civray, en Poitou. « En mai 1790, le jour de l'organisation de la municipalité, il *fit* arracher dans la forêt un chêneau de belle venue et le *fit* transporter sur la place du village où les deux sexes réunis *concoururent* à le planter. Il les *harangua* ensuite sur les avantages de la Révolution et de la Liberté.... »[1]

Le récit de Grégoire, puisé d'ailleurs dans le *Moniteur*[2], est sans doute matériellement exact, mais il est certain que les paysans du Périgord, imités peut-être dans d'autres régions de la France, n'attendirent pas l'exemple du curé poitevin pour planter le mai libérateur : « L'arbre de mai, ce mât traditionnel, point de ralliement des paysans les jours de fêtes votives »[3], devint en Périgord un symbole révolutionnaire dès le mois de janvier 1790. « Sous une forme plaisante, dit M. G. Bussière, il donnait aux seigneurs d'originales remontrances, il leur rappelait notamment leur façon abusive de mesurer et de cribler le blé des rentes, on y suspendait des cribles, des balais, des mesures de grains, des radoires, des plumes de volaille et, suprême ornement, des girouettes, de quoi rabattre l'orgueil du châtelain.... Ces plantations des mais, comme la forêt qui marche, faisaient leur descente du Nord au Midi par les vallées de la Dordogne, de la Corrèze, de la Vézère, se répandaient sur les rives, gagnaient peu à peu les coteaux, proclamaient à tous les vents la déchéance de la féodalité[4] ».

---

1. *Histoire patriotique des arbres de la liberté* rééditée par Charles Dugast, Paris, 1833, in-8°, p. 241 et suiv. Bib. de la Ville de Paris, 3242.
2. *Moniteur* des 25 mai et 14 juillet 1790.
3. Georges Bussière, *Études historiques sur la Révolution en Périgord*, 1903, in-8°, p. 260, 3e partie.
4. G. Bussière, *ibid.*

Les arbres de la Liberté devinrent très vite populaires. Les patriotes les entourèrent d'une vénération ombrageuse et bientôt punirent de peines sévères ceux qui les mutilaient. C'est ainsi que, par son arrêté[1] du 22 germinal an IV, le Directoire ordonna au Ministre de la Justice d'exercer des poursuites contre les délinquants ou plutôt les criminels de cette espèce et de leur faire appliquer « les lois portées contre toute espèce de crime contre-révolutionnaire et attentatoire à la liberté, à l'égalité et à la souveraineté du peuple français ». Deux ans après, la loi du 24 nivôse an VI punit de quatre ans de détention « tout individu convaincu d'avoir mutilé, abattu ou tenté d'abattre ou de mutiler un arbre de la Liberté[1] ».

Considérée comme des choses sacrées, la mort des arbres de la Liberté était une calamité, un deuil public. L'un d'eux ayant été coupé à Amiens, pendant la mission d'André Dumont, le tronc fut porté à la mairie « couvert d'un drap noir », précédé d'une musique et suivi par un cortège de 9.000 hommes en armes[2].

De tous les symboles révolutionnaires, l'arbre de la Liberté sera peut-être le plus vivace dans l'âme populaire. Il reparaîtra un instant en 1848. Il reparait même de temps à autre de nos jours.

Autres symboles. — Les Tables de la Déclaration des Droits, les Tables de la Constitution, gravées sur le métal ou sur la pierre, furent à leur tour offertes à la vénération publique. Les vieillards les portaient sur des brancards et les déposaient sur l'autel de la Patrie. Là, le président de la fête les élevait dans ses mains, comme

---

1. La même loi spécifiait dans son article III : « A l'avenir toute commune dans l'arrondissement de laquelle un arbre de la Liberté aura été abattu, ou aura péri naturellement, sera tenue de le remplacer dans la décade, sauf à renouveler cette plantation, s'il y a lieu, par un arbre vivace, dans la saison convenable, aux termes de la loi du 3 pluviôse an II ». L'époque du remplacement des arbres de la Liberté morts était fixée à la fête du 21 janvier (art. II).

2. Aulard, *Actes du Comité de Salut public*, t. X, p. 546-547.

le prêtre élevait l'ostensoir, et les présentait à la foule qui était admise à les adorer pendant le reste du jour.

Presque partout, l'unité de la Patrie fut représentée par le *faisceau des 83 départements*, la Liberté conquise par une de ces *Bastilles en miniature* que le patriote Palloy avait fait creuser dans les pierres de la forteresse, ou encore par la pique, par le bonnet phrygien dont l'usage se répandit dès la fin de 1790. Le bonnet phrygien, plus communément appelé bonnet de la Liberté, bonnet rouge, apparait déjà à la Fédération de Lyon, où il est porté au bout d'une lance tenue par une déesse de la Liberté (30 mai 1790), à la Fédération de Troyes (8 et 9 mai 1790) où il coiffe une statue de la Nation. Le *Niveau*, ce vieux signe de la maçonnerie, symbolise l'Égalité dès l'année 1789. La Fraternité est figurée par les *mains entrelacées*, autre signe maçonnique.

Tels sont les principaux symboles dans lesquels s'incarna tout d'abord le patriotisme.

D'autres, la *Nature*, la *Raison*, les bustes des *Martyrs de la Liberté*, la *Montagne*, l'*œil de la surveillance*, etc., apparaitront plus tardivement et passeront avec les circonstances qui leur auront donné naissance et les partis qui les auront imaginés.

On me demandera peut-être si j'ai le droit d'assimiler ces symboles révolutionnaires aux symboles des religions ordinaires. On me fera sans doute remarquer que ceux-là ne sont que de simples allégories, sans efficacité propre, tandis que ceux-ci sont pourvus aux yeux de leurs fidèles de vertus spécifiques. Je répondrai que je ne méconnais nullement les différences foncières qui séparent la religion révolutionnaire des religions révélées. Évidemment, le patriote qui arborait la cocarde nationale n'attribuait pas généralement à ce morceau d'étoffe le pouvoir de faire des miracles, et, à cet égard, son état d'esprit était autre que celui du catholique qui suspend à son cou une médaille bénie ou quelque précieuse relique. Il n'en est pas moins vrai que cocarde, médaille ou relique sont, au même titre, des symboles religieux parce qu'ils ont ceci de commun qu'ils représentent, qu'ils concrétisent, qu'ils évoquent tout un ensemble d'idées ou de sentiments, c'est-à-dire une foi.

VIII

Le fanatisme révolutionnaire. — Il n'est pas absolument vrai d'ailleurs que les symboles révolutionnaires n'aient eu la valeur que de simples signes, que d'allégories inoffensives, sans vertu, sans efficacité particulière. « Avec l'air du *Ça ira*, disent très bien les *Révolutions de Paris*[1], on mène le *peuple* au bout du monde, à travers les armées combinées de toute l'Europe. Paré d'un nœud de rubans aux trois couleurs, il oublie ses plus chers intérêts pour ne s'occuper que de la chose publique et quitte gaiement ses foyers pour aller aux frontières attendre l'ennemi.

« La vue d'un bonnet rouge de laine le transporte, et qu'on n'en prenne pas occasion de le railler ! Son enthousiasme est des plus respectables et des mieux fondés. On lui a dit que ce bonnet de laine était en Grèce et à Rome l'emblème de l'affranchissement de toutes les servitudes et le signe de ralliement de tous les ennemis du despotisme. C'en est assez pour lui. De ce moment, chaque citoyen veut avoir ce bonnet.... »

La religion révolutionnaire eut, elle aussi, son ivresse, son fanatisme, et par là elle achève de ressembler aux autres. Les patriotes ne se bornent pas, en effet, à arborer des symboles nouveaux, à les environner d'une piété ombrageuse, ils font en même temps une guerre sans merci aux symboles anciens, ils les détruisent sans pitié, sans relâche, dans une rage joyeuse.

Ces paysans du Périgord qui furent les premiers, semble-t-il, à planter les mais de la Liberté, abattaient et brisaient en

1. N° 141, 17-24 mars 1792. Article sur le bonnet rouge.

même temps les poteaux de justice, les carcans, les bancs d'église, les girouettes, tous les objets qui portaient la marque sensible de leur ancienne servitude.

Les bourgeois éclairés qui siégeaient aux Assemblées n'étaient pas moins fanatiques que ces paysans. Ils ordonnaient par décrets la démolition de la Bastille [1], l'enlèvement des statues des provinces enchaînées au pied de la statue de Louis XIV sur la place des Victoires [2]. Ils ne se bornaient pas à supprimer les titres de noblesse [3], les ordres de chevalerie [4], ils faisaient brûler dans des autodafés solennels tous les papiers, livres, titres, concernant la noblesse et la chevalerie [5]; ils prohibent les armoiries [6], ils ordonnent la confiscation des maisons qui continueraient d'en porter [7], la destruction de tous les monuments qui rappelleraient la féodalité [8], ils font défense de prendre dans aucun acte les titres et qualifications supprimés, « à peine de payer une contribution sextuple, d'être rayés du tableau civique, d'être déclarés incapables de remplir aucun emploi civil ou militaire, etc. — Même peine pour celui qui ferait porter livrée à ses domestiques, placerait des armoiries sur sa maison ou sa voiture, etc. [9] » Par un décret formel, ils font fouler aux pieds une couronne ducale [10]; ils s'acharnent sur la féodalité jusque dans la langue elle-même, changent les noms des lieux qui évoquent le passé détesté [11]. Ainsi, les réformés

---

1. Décret du 16 juillet 1789.
2. Décret du 20 juin 1790.
3. Décret du 19-23 juin 1790.
4. Décret du 30 juillet-6 août 1791.
5. Décret du 12-16 mai 1792, et décret du 19-24 juin 1792 (celui-ci rendu sur la proposition de Condorcet).
6. Décret cité du 20 juin 1790.
7. Décret du 1er août 1793.
8. Décret du 14 août 1792.
9. Décret du 27 septembre-16 octobre 1791.
10. Décret du 11 brumaire an II.
11. Décret du 30 septembre-5 octobre 1792, qui change Bourbon l'Archambault en Burges-les-Bains; du 9-11 octobre 1792, Bar le-Duc en Bar-sur-Ornain; du 25-26 octobre 1792. Vic-le-Comte en Vic-sur-Allier; du 22 février 1793, qui ordonne de présenter la liste des noms de lieux susceptibles de réforme comme rappelant la royauté et la féodalité.

s'étaient acharnés au XVIme siècle sur les emblèmes du catholicisme.

Bientôt la guerre au catholicisme succèdera à la guerre à la féodalité ; les mitres, les crosses épiscopales, les bréviaires et les missels iront rejoindre, dans le commun brasier, les couronnes ducales et les armoiries, le calendrier républicain remplacera le calendrier romain, et les prénoms grecs et romains chasseront sur les registres de l'état-civil les noms des saints. Legendre (de la Nièvre) demandera au Comité de Salut public de faire décréter par la Convention que dans toute l'étendue de la République les croix seraient remplacées par le bonnet de la Liberté [1]. En distribuant des cocardes aux jeunes citoyennes de Versailles, Ch. Delacroix et J.-M. Musset leur font jurer de n'épouser que des républicains [2]. Se faisant le chantre de la haine commune, le poète Lebrun lance la foule contre les cercueils des tyrans [3] :

Purgeons le sol des Patriotes
Par des rois encore infecté.
La terre de la Liberté
Rejette les os des despotes ;
De ces monstres divinisés
Que tous les cercueils soient brisés !
Que leur mémoire soit flétrie !
Et qu'avec leurs mânes errants
Sortent du sein de la Patrie
Tous les cadavres des tyrans !

Quand il est porté au paroxysme, le fanatisme révolutionnaire, comme le fanatisme religieux, prend l'homme tout entier, lui fait oublier les devoirs les plus chers de la famille ou de l'amitié, devient exclusif de tout autre sentiment.

---

1. Lettre au Comité de Salut public du 21 nivôse an II, dans Aulard. *Actes du Comité de Salut public*, t. X. p. 184.

2. Lettre au Comité du 24 septembre 1793, dans Aulard, *ibid.*, t. VII, p. 39.

3. *Odes républicaines au peuple français* composées en brumaire an II. (Cité par Robinet, *Le Mouvement religieux à Paris pendant la Révolution*, t. II, p. 420).

« *Quand il s'agit de la Patrie*, s'écrie Maribon-Montaut aux Jacobins, *il n'est ni frères, ni sœurs, ni père, ni mère. Les Jacobins immolent tout à leur pays*[1] ». Ce ne sont pas de vaines paroles. Nombreux furent alors les patriotes qui immolèrent tout à leur pays, leur vie même. Ce n'était pas non plus une fanfaronnade que ce serment que faisait Baudot, avant son départ pour l'armée du Rhin : « J'avertis la société [des Jacobins] qu'en changeant de climat je ne changerai pas d'ardeur révolutionnaire et que je ferai dans le Nord ce que j'ai fait dans le Midi. *Je les rendrai patriotes, ou ils mourront, ou je mourrai*[2] ».

Mais à quoi bon multiplier ces exemples du fanatisme révolutionnaire ? Ils sont si nombreux qu'ils se présentent d'eux-mêmes à l'esprit, et à les rassembler tous, on aurait la matière d'un gros volume.

IX

Les pratiques. Les cérémonies. — Dès la fin de la Constituante, la religion révolutionnaire est constituée dans ses éléments essentiels, avec ses dogmes et ses symboles obligatoires. Loin d'être une invention artificielle de quelques hommes, un expédient politique, une arme de circonstance, elle nous est apparue comme une création spontanée et anonyme de l'âme française, un fruit d'arrière-saison, mais savoureux, de la Philosophie du XVIIIe siècle.

Une chose pourtant lui manque encore à cette époque pour qu'elle soit vraiment une religion complète, c'est un ensemble de pratiques régulières, un système de cérémonies, un culte, en un mot. Mais on peut déjà prévoir que cette lacune ne tardera pas à être comblée. Au moment

1. Séance du 9 brumaire an II, dans Aulard, *Société des Jacobins*, t. V, p. 490.
2. Séance du 3 novembre 1793, dans Aulard, *Ibid.*, t. V., p. 495.

où nous sommes, dans cette année 1791, année de Varennes, année critique à tant d'égards, les patriotes ont déjà pris l'habitude de se réunir dans des cérémonies ou fêtes civiques pour se communiquer les uns les autres leurs espérances, leurs craintes, leurs douleurs communes, pour commémorer l'anniversaire de leurs victoires sur le despotisme, pour honorer leurs morts illustres, pour exalter mutuellement leurs courages. Ces réunions civiques, laissées en général à l'initiative des citoyens, varient encore de forme, de caractère, de tendances dans toute la France. Celles-ci sont plutôt feuillantes, celles-là jacobines. Les unes et les autres ne s'opposent pas encore aux cérémonies catholiques, elles font une place aux prêtres de la religion ancienne, une place plus ou moins importante. Mais il est visible que le catholicisme, le catholicisme épuré par la Constitution civile, n'est déjà plus dans la fête qu'un élément accessoire, dont on ne tardera pas à se passer. — Nous verrons tout à l'heure sous l'influence de quelles circonstances la coupure se fera entre la religion nouvelle et l'ancienne, comment celle-là s'opposera à celle-ci et tentera ouvertement de la supplanter.

Les Fédérations. — La première, non seulement en date, mais en importance, de ces cérémonies civiques où les Français communièrent dans le patriotisme, celle qui servit d'exemple et de modèle aux autres qui suivirent, celle qui donna véritablement naissance au culte révolutionnaire, c'est la Fédération, ou plutôt les Fédérations.

C'est pour réprimer les troubles, pour protéger les subsistances, pour rétablir l'ordre indispensable à la régénération de la chose publique que se forment, après la Grande Peur, les premières fédérations, véritables ligues armées au service de l'Assemblée Nationale. Le sentiment qu'elles tiennent à exprimer tout d'abord, à proclamer bien haut, c'est leur confiance absolue dans le dogme politique de la toute puissance des représentants de la nation à préparer et à assurer le bonheur public [1]. Elles ne doutent pas que les intrigues des méchants, les conspirations des « aristocrates », ne soient le seul obstacle qui retarde l'heure prochaine de la félicité générale et c'est pour déjouer leurs intrigues, leurs complots qu'elles ont pris les armes. Elles protestent de leur soumission sans bornes à la *Constitution*, de leur ardent amour de la *Patrie*.

Et par Patrie elles n'entendaient pas une entité morte, une abstraction incolore, mais une fraternité réelle et durable, un mutuel désir du bien public, le sacrifice volontaire de l'intérêt privé à l'intérêt général, l'abandon de tous les privilèges provinciaux, locaux, personnels. « Nous déclarons solennellement, juraient les Bretons et les Angevins à Pontivy, le 15 février 1790, que n'étant ni Bretons, ni Angevins, mais Français et citoyens du même Empire, nous renonçons à tous nos privilèges locaux et particuliers et que nous les abjurons comme anti-constitutionnels [2] ». La liberté dont ils se proclament « idolâtres », ce n'est pas une liberté stérile, une liberté neutre, indifférente, mais c'est la faculté de réaliser leur idéal politique profondément unitaire, le moyen de bâtir leur cité future harmonieuse et fraternelle.

Si les fédérations furent avant tout un acte de foi dans le nouveau credo politique, elles eurent aussi d'autres caractères. Une conception générale de la société ne va pas d'ordinaire sans une vue d'ensemble sur l'Univers, sans une

---

1. La milice citoyenne de Luynes, en se constituant le 2 août 1789, déclare qu'elle a été encouragée dans son entreprise « par le dévouement de l'Assemblée nationale pour l'intérêt du peuple, par les motions patriotiques, par les discussions profondes et justes des Lally-Tollendal, des Mirabeau, des Volney, des Siéyès, par tout ce que l'on doit attendre enfin de la renommée du courage, des vertus et des lumières d'un Bailly, d'un Lafayette, d'un Rabaut-Saint-Étienne, d'un Mounier, d'un Target, d'un Clermont-Tonnerre et de tant d'autres illustres soutiens de la vérité, de la justice et de la liberté ». *Acte de confédération patriotique et de constitution provisoire de l'administration et de la milice citoyennes de la ville et cité de Luynes, arrêté en Assemblée générale le 2 août 1789*. (Bibl. nat., Lb 39 7548).

2. De Bellec, *Les deux fédérations bretonnes-angevines*, dans *La Révolution française*, 1895, t. XXVIII, p. 32.

philosophie et sans une morale. Cette philosophie et cette morale, encore imprécises, commencent déjà à percer par endroits.

Très souvent des inscriptions, gravées sur l'autel de la Patrie, avertissent les citoyens que les meilleures institutions politiques sont sans efficacité, si elles ne sont doublées d'institutions morales correspondantes. Le credo politique est ainsi lié à un credo moral. A Rennes, on lit sur une pyramide, élevée sur l'autel de la Patrie, cette phrase de Rousseau : « La Patrie ne peut subsister sans la liberté, la liberté sans la vertu ». A Lyon, sur les portiques du temple de la Concorde est gravée cette maxime : « Point d'Etat sans mœurs, point de citoyens sans vertu, point de vertu sans liberté. » — Plus d'une fois ce sont les vieillards qui président la fête, comme s'ils étaient revêtus d'une sorte de magistrature morale. « A la grande fédération de Rouen, où parurent les gardes nationales de soixante villes, on alla chercher jusqu'aux Andelys, pour être à la tête de l'Assemblée, un chevalier de Malte, âgé de 85 ans. A Saint-Andéol en Vivarais, deux vieillards de 93 et de 94 ans, l'un noble, colonel de la garde nationale, l'autre, simple laboureur, prêtèrent les premiers le serment civique[1] »

Le culte de l'Etre suprême, la Théophilanthropie, le culte décadaire reprendront en les élargissant, en les systématisant, ces mêmes préoccupations morales.

Dans d'autres fédérations s'exprima d'une façon naïve l'admiration pour les découvertes de la Science, un vif amour de la Nature. A la grande fédération de Dôle (21 février 1790), une jeune fille vint au début de la fête « avec un verre d'optique extraire du Soleil le feu sacré et allumer dans un vase grec, placé sur l'autel, un feu qui donna subitement une flamme tricolore[2] » A Strasbourg, les cultivateurs qui figurent dans le cortège avec une char-

---

1. Michelet, *Histoire de la Révolution*, édition du centenaire, t. Ier, p. 469.
2. Maurice Lambert, *Les fédérations en Franche-Comté*, Paris, 1890, in-8.

rue, déposent une gerbe de blé sur l'autel de la Patrie.

Si dans la très grande majorité des cas, le clergé préside la cérémonie, qui s'ouvre par une messe solennelle, il se produit néanmoins çà et là quelques démonstrations anticléricales. Par la plume de Jacques Boileau, dont le frère Étienne jouera dans la suite un rôle considérable dans l'établissement des cultes révolutionnaires dans l'Yonne, les gardes nationales de Saint-Brise, Cravant, Vermanton, etc., invitent l'Assemblée nationale à redoubler d'énergie contre le monstre du fanatisme : « Ah ! c'est le plus cruel de tous ; tel que ces tyrans ambitieux et féroces dont l'histoire nous offre tant d'exemples, il n'aspire qu'à verser le sang de ceux qui l'inquiètent et portent ombrage à son affreux despotisme. Frappez, frappez avec force cette tête altière. Une fois détruit, la paix et la concorde, qui seules font fleurir les États, vont renaître et nous serons tous heureux. »[1]

A Clamecy, un grenadier de la garde nationale, Ch. de Suroy, chante au banquet civique, qui termina la fédération, des couplets qui furent imprimés au procès-verbal :[2]

Si la noblesse et la calotte
Insulte à notre dévouement
Rl', rlan, rlatamplan !
Qu'on nous les frotte
Rlatamplan !
Tambour battant !

A Rennes, le procès-verbal dénonce ceux qui « redoublent leurs criminels efforts, emploient comme dernière ressource le poignard du fanatisme et les terreurs de la superstition[3] ».

Plus significatifs que ces incidents sans écho sont les réconciliations solennelles des prêtres des différents cultes

1. *Les gardes nationales de Saint-Brice, Cravant, Vermanton, Noyers, etc. à l'Assemblée nationale...* (Bib. nat., Lb39 3493).

2. *Fédération des gardes nationales du district de Clamecy le 27 mai 1790.* (Bib. nat., Lb39 8867).

3. *Procès-verbal de la fédération faite à Rennes, le 23 mai 1790, entre la garnison et la garde nationale de la même ville.* (Bib. nat., Lb39 8850).

sur l'autel de la Patrie. Curés, pasteurs, rabbins, viennent abjurer leurs vieilles haines, regretter les luttes passées, se promettre sincère amitié pour l'avenir, et sceller leurs serments du baiser fraternel. A Montélimar, le curé et le pasteur se jettent dans les bras l'un de l'autre. Les catholiques conduisent les protestants à l'église et donnent au pasteur la place d'honneur au chœur. Inversement, les protestants reçoivent les catholiques au prêche et mettent le curé à la première place. A Clairac (Lot-et-Garonne) pasteur et curé ouvrent eux-mêmes le bal patriotique qui termina la fédération[1].

C'est à la fédération de Strasbourg (13 juin 1790) qu'on procéda, pour la première fois à ma connaissance, à cette cérémonie du *baptême civique* qui, débarrassé de tout caractère confessionnel, deviendra l'un des sacrements du culte de la Raison. Je cite le procès-verbal :

« L'épouse de M. Brodard, garde national de Strasbourg, était accouchée d'un fils le jour même du serment fédératif. Plusieurs citoyens, saisissant la circonstance, demandèrent que le nouveau-né fût baptisé sur l'autel de la Patrie.... Tout était arrangé lorsque M. Kohler, de la garde nationale de Strasbourg et de la Confession d'Augsbourg, réclama la même faveur pour un fils que son épouse venait de mettre au monde. On la lui accorda d'autant plus volontiers qu'on trouva par là une occasion de montrer l'union qui règne à Strasbourg entre les différents cultes[2].... »

Et le procès-verbal décrit la cérémonie, qui eut lieu en grande pompe. L'enfant catholique eut pour marraine Mme Dietrich, de la religion réformée ; l'enfant luthérien, Mme Mathieu, catholique, femme du procureur de la Commune. L'enfant catholique fut prénommé : Charles, Patrice, *Fédéré*, Prime, René, De la Plaine, *Fortuné ;* l'enfant protestant : François, Frédéric, *Fortuné, Civique.* Quand les

1. D'après un article de M. Dide dans *La Révolution française*, t. Ier, p. 9.
2. *Procès-verbal de la confédération de Strasbourg, 1790*, chez Ph.-J. Dannbach, imprimeur de la municipalité, in-8° (fonds Gazier).

deux ministres, luthérien et catholique, eurent terminé chacun leur office et qu'ils se furent donné « le baiser de paix et de fraternité », au baptême religieux succéda le baptême civique proprement dit :

« L'autel religieux fut enlevé. Les marraines portant les nouveau-nés vinrent occuper son emplacement. On déploya le drapeau de la fédération au-dessus de leurs têtes. Les autres drapeaux les entourèrent, ayant cependant le soin de ne pas les cacher aux regards de l'armée et du peuple. Les chefs et commandants particuliers s'approchèrent pour servir de témoins. Alors les parrains debout sur l'autel de la Patrie prononcèrent à haute et intelligible voix, au nom de leurs filleuls, le serment solennel d'être fidèles à la Nation, à la Loi, au Roi, et de maintenir de tout leur pouvoir la Constitution décrétée par l'Assemblée nationale et acceptée par le Roi. Des cris répétés de *Vive la Nation, Vive la Loi, Vive le Roi,* se firent aussitôt entendre de toutes parts. Pendant ces acclamations, les commandants et autres chefs formèrent, avec leurs épées nues, une voûte d'acier [1] au-dessus de la tête des enfants. Tous les drapeaux réunis au-dessus de cette voûte se montraient en forme de dôme, le drapeau de la fédération surmontait le tout et semblait le couronner. Les épées, en se froissant légèrement, laissaient entendre un cliquetis imposant, pendant que le doyen des commandants des confédérés attachait à chacun des enfants une cocarde en prononçant ces mots : *Mon enfant, je te reçois garde national. Sois brave et bon citoyen comme ton parrain.* Ce fut alors que les marraines offrirent les enfants à la patrie et les exposèrent pendant quelques instants aux regards du peuple. A ce spectacle, les acclamations redoublèrent. Il laissa dans l'âme une émotion qu'il est impossible de rendre. Ce fut ainsi que se termina une cérémonie dont l'histoire ne fournit aucun exemple. »

1. Cérémonie en usage dans la maçonnerie.

Célébré sans prêtres, sur l'autel de la Patrie, au-dessous des trois couleurs, accompagné du serment civique en guise du serment religieux, ce baptême laïque, où la cocarde tient lieu d'eau et de sel, fait déjà songer aux scènes de 93. Les ministres des religions ont encore paru au début de la cérémonie, mais ils se sont vite éclipsés, et, en se jetant dans les bras l'un de l'autre, ils ont semblé demander pardon pour leurs fautes passées.

D'autres baptêmes civiques furent célébrés dans la suite, par exemple à Wasselone, le 11 juin 1790. Ici encore les gardes nationaux formèrent la voûte d'acier maçonnique sur le nouveau-né, et le parrain, à la place du credo, récita le serment civique.

On célébra même, mais plus rarement, des *mariages civiques* sur l'autel de la Patrie, par exemple à la fédération de Dôle le 14 juillet 1790[1].

Il n'est pas indifférent de noter que c'est aux fédérations que prend naissance l'usage, si répandu plus tard, de donner aux enfants des prénoms choisis en dehors des calendriers religieux. Les deux enfants baptisés à Strasbourg comptent parmi leurs prénoms Civique et Fédéré.

N'est-il pas curieux aussi que les fédérations nous offrent le premier exemple de ce « repos civique », qui deviendra plus tard obligatoire tous les décadis? A Gray, le jour de la fédération, les citoyens chôment du matin au soir, à l'instar d'une fête religieuse. Quoique la police n'eût rien prescrit à ce sujet, les boutiques restèrent fermées[2].

Bref, il n'est pas exagéré de prétendre que les cultes révolutionnaires sont déjà en germe dans les fédérations, qu'ils y ont pris racine. Ces grandes scènes mystiques furent la première manifestation de la foi nouvelle. Elles firent sur les masses l'impression la plus vive. Elles les familiarisèrent avec le symbolisme révolutionnaire, qui

1. D'après l'étude déjà citée de M. Maurice Lambert, *Les fédérations en Franche-Comté*.
2. M. Lambert, *étude citée*.

devint de suite populaire. Mais, surtout, elles révélèrent aux hommes politiques la puissance des formules et des cérémonies sur l'âme des foules. Elles leur suggérèrent l'idée de mettre ce moyen au service du patriotisme; elles leur fournirent un modèle pour leurs futurs systèmes de « fêtes nationales », d' « institutions publiques », de « cultes civiques », qu'ils imaginèrent en grand nombre dès la Législative, avant de les réaliser sous la Convention et sous le Directoire.

X

Fêtes civiques. — Les années 1790, 1791 et 1792 sont remplies par des fêtes patriotiques, qui, tout en rappelant par certains côtés les fédérations, annoncent et préparent le culte de la Raison.

Si les circonstances et les passions politiques donnent à chacune de ses fêtes un caractère particulier, dans toutes cependant se retrouve la même inspiration, le désir d'honorer l'institution politique nouvelle, de la défendre, de célébrer le souvenir des grands événements qui lui ont donné naissance ou qui l'ont consolidée, de témoigner aux hommes qui l'ont fondée ou préparée la reconnaissance publique. Ces réunions sont donc bien au fond un culte rendu à la Révolution, à la Patrie, à la Liberté, à la Loi, de quelque nom qu'on appelle l'instrument du bonheur attendu et l'idéal rêvé. Par leur cérémonial comme par leur inspiration, elles ressemblent déjà aux fêtes de la Terreur ou aux fêtes décadaires, auxquelles elles serviront souvent de modèles.

Les unes ont pour but principal de célébrer les grandes dates révolutionnaires, ce sont des *fêtes commémoratives* ; Celles-là sont des démonstrations de joie à l'occasion d'événements politiques présents, ce sont des *fêtes politiques ;* D'autres sont des témoignages d'admiration et de reconnaissance envers les bons ouvriers et les martyrs de la Révolution, elles constituent comme un culte des grands hommes, un *culte des martyrs de la liberté ;* d'autres enfin sont destinées à récompenser des actes de courage ou de probité, ce sont des *fêtes morales*.

Fêtes commémoratives. Le 20 Juin. — Le serment du Jeu de Paume, qui avait été le premier acte de résistance ouverte des députés de la nation aux volontés royales, avait laissé dans les cœurs patriotes un souvenir durable. Vers le début de l'année 1790, il se forma, sur l'initiative de Gilbert Romme[1], à Paris et à Versailles, une société particulière pour « immortaliser cette conjuration qui sauva la France » et, trois ans de suite, les 20 juin 1790, 1791, 1792, la société célébra l'anniversaire par une fête civique dont la première fut très brillante[2]. Formés « en bataillon civique », les membres de la société entrèrent à Versailles par l'avenue de Paris. Au milieu d'eux, quatre volontaires de la Bastille portaient « une table d'airain, sur laquelle était gravée en caractères ineffaçable le serment du Jeu de Paume. Quatre autres portaient les ruines de la Bastille destinées à sceller sur les murs du jeu de Paume cette table sacrée ». La municipalité de Versailles vint à la rencontre du cortège. Le régiment de Flandre présenta les armes devant « l'arche sacrée ». Arrivés au jeu de Paume, tous les assistants renouvelèrent le serment « dans un saisissement religieux ». Puis un orateur les harangua : « Nos enfants iront un jour en pèlerinage à ce temple, comme les Musulmans vont à La Mecque. Il inspirera à nos derniers neveux le même respect que le temple élevé par les Romains à la Piété filiale... » Au milieu des cris d'allégresse, les vieillards scellèrent sur la muraille la table du serment : « Chacun envia le bonheur de

1. Aulard, *Le Serment du jeu de Paume*, dans *La Révolution française*, t. XVII, p. 18.

2. J'en fais le récit d'après le procès-verbal officiel : *Description du serment et de la fête civique célébrés au Bois de Boulogne par la Société du Jeu de Paume de Versailles, des 20 juin 1789 et 1790* (sic) (Bibl. de la Ville de Paris, 12.272).

l'enfoncer ». Tous ne quittèrent qu'à regret ce lieu si cher aux âmes sensibles : « Ils s'embrassèrent mutuellement et furent reconduits avec pompe par la municipalité, la garde nationale et le régiment de Flandre, jusqu'aux portes de Versailles. » Le long de la route, en rentrant à Paris, « ils ne s'entretenaient que du bonheur des hommes ; on eût dit que c'étaient des Dieux qui étaient en marche. » Au bois de Boulogne, un repas de trois cents couverts, « digne de nos vieux aïeux », leur fut servi « par des jeunes nymphes patriotes. » Au-dessus de la table on avait placé « les bustes des amis de l'humanité, de J.-J. Rousseau, de Mably, de Franklin qui semblait encore présider la fête ». Le président de la société, G. Romme, « lut pour benedicite les deux premiers articles de la Déclaration des Droits de l'homme. Tous les convives répétèrent : *Ainsi soit-il !* » Au dessert, on donna lecture du procès-verbal de la journée. « Cet acte religieux excita de vifs applaudissements ». Puis vinrent les toasts. Danton « eut le bonheur de porter le premier ». « Il dit que le Patriotisme, ne devant avoir d'autres bornes que l'Univers, il proposait de boire à sa santé, à la Liberté, au bonheur de l'Univers entier ». Menou but à la santé de la Nation et du Roi « qui ne fait qu'un avec elle », Charles de Lameth à la santé des vainqueurs de la Bastille, Santhonax à nos frères des colonies, Barnave au régiment de Flandre, Robespierre « aux écrivains courageux qui avaient couru tant de dangers et qui en couraient encore en se livrant à la défense de la Patrie ». Un membre désigna alors Camille Desmoulins, dont le nom fut vivement applaudi. Enfin, un preux chevalier termina la série des toasts en buvant « au sexe enchanteur qui a montré dans la Révolution un patriotisme digne des dames romaines ». Alors, « des femmes vêtues en bergères » entrèrent dans la salle du banquet et couronnèrent de feuilles de chêne les députés à l'Assemblée nationale : D'Aiguillon, Menou, les deux Lameth, Barnave,

Robespierre, Laborde. Un artiste célèbre[1], qui assistait à la fête, promit d'employer son talent « à transmettre à la postérité les traits des amis inflexibles du bien public ». Puis, quatre volontaires de la Bastille apportent sur la table « la représentation de cet antre du despotisme et de la vengeance des rois ». Les gardes nationaux l'entourent, tirent leurs sabres et la détruisent. « Quelle fut la surprise des spectateurs! A travers les coups de sabre, on aperçut un jeune enfant vêtu de blanc, symbole de l'innocence opprimée et de la Liberté naissante. On l'exhaussa. On ne put se rassasier de le contempler. On trouva sous les mêmes ruines un bonnet de laine, emblème de la Liberté. On le mit sur la tête de l'enfant. On fouilla encore. On trouva plusieurs exemplaires de la Déclaration des Droits de l'homme, des extraits des œuvres de J.-J. Rousseau et de Raynal. On les jeta çà et là parmi les convives qui se précipitaient les uns sur les autres pour en avoir des exemplaires. Chacun emporta avec soi quelques débris de la Bastille... »

Il serait superflu de commenter un pareil récit. Sous la sensibilité et les bergeries de l'époque, on y sent l'âpre haine du régime disparu, le besoin de détruire tout ce qui le rappelle, en même temps qu'une ardente appétition vers une société meilleure, dont les Législateurs couronnés de chêne préparent l'avènement.

Le 14 Juillet. — Une société particulière avait pris l'initiative de commémorer l'anniversaire du 20 Juin. Les autorités constituées, l'Assemblée nationale elle-même, réglèrent la commémoration du 14 Juillet.

Sans doute, ce n'était pas seulement pour fêter l'anniversaire de la prise de la Bastille que se réunirent, le 14 juillet 1790, au Champ de Mars, les délégués de toutes les gardes nationales de France. Cette Fédération générale dépassait la portée d'une cérémonie commémorative. Elle

1. Le peintre David.

était vraiment la fête de la Patrie, la fête de la France nouvelle. Aussi la Fédération elle-même, « cette fête auguste, la plus majestueuse, la plus imposante, qui, depuis que les fastes du monde nous sont connus, ait encore honoré l'espèce humaine », la Fédération devint un des grands événements de la Révolution et comme telle fut commémorée à son tour comme la prise de la Bastille. Les années suivantes, la fête du 14 Juillet fut consacrée à la fois aux deux anniversaires réunis et confondus.

En 1791, sans attendre qu'une loi les y obligeât, la plupart des municipalités célébrèrent le double anniversaire [1]. A Paris, les autorités et les gardes nationaux se réunirent avec une délégation de l'Assemblée sur les ruines de la Bastille et de là se rendirent en cortège au Champ de la Fédération, où Gobel célébra la messe sur l'autel de la Patrie. D'après le *Moniteur* [2], le nombre des spectateurs fut considérable. Le soir, les façades des maisons furent illuminées.

Avant de se séparer, la Constituante fit du 14 Juillet une fête légale en décrétant que le serment fédératif serait renouvelé ce jour-là, chaque année, au chef-lieu du district [3].

En 1791, la fête avait été assombrie par le souvenir récent de la fuite à Varennes ; en 1792, elle fut enfiévrée par les approches du 10 août. Le 14 juillet 1792, à Paris, une délégation de l'Assemblée se rendit sur les ruines de la Bastille pour assister à la pose de la première pierre de la colonne de la Liberté qui devait s'élever, par les soins du patriote Palloy, sur l'emplacement de l'odieuse forteresse. A la cérémonie qui eut lieu ensuite au Champ de la Fédération, le clergé pour la première fois ne prit aucune part [4]. Dans le cortège on remarquait une statue de la Liberté, portée par six « citoyens vêtus suivant le nouveau costume proposé par David », une statue de Minerve, portée

---

1. Celles de Bourges, de Châlons, de Strasbourg, entre autres.
2. *Moniteur*, réimp., t. IX, p. 129.
3. Décret du 29 septembre-14 octobre 1791 (sect III, art. 20).
4. Si du moins on en croit Robinet, *op. cit.*, t. II, p. 514.

de la même manière sur un brancard aux trois couleurs et escortée par des vieillards tenant des enfants par la main. Près de l'autel de la Patrie, une pyramide honorait la mémoire des citoyens morts pour la Liberté, et un « arbre nobiliaire » chargé d'écussons, de parchemins, de cordons d'ordres supprimés, vouait à l'exécration le passé disparu. A la fin de la cérémonie, les vieillards et les personnages officiels mirent le feu à l'arbre nobiliaire pendant que des enfants, des femmes et des invalides déposaient des couronnes de chêne et de fleurs sur le mausolée des martyrs de la Liberté. Puis on entonna l'hymne bientôt célèbre de M. J. Chénier :

Dieu du Peuple et des rois, des cités, des campagnes...

Dans les départements, le 14 Juillet fut célébré, comme à Paris, à grands renforts d'allégories classiques. Mais, presque partout, la messe fut dite sur l'autel de la Patrie.

Le 4 Août. — Soit que le souvenir en eût été trop favorable aux ordres privilégiés ; soit, au contraire, que les décrets — tout théoriques — votés dans cette fameuse nuit eussent laissé trop de déceptions au cœur des patriotes, l'anniversaire du 4 Août fut loin d'obtenir les mêmes honneurs que celui du 14 Juillet. Les autorités s'en désintéressèrent. Quelques particuliers seulement, assez obscurs d'ailleurs, eurent l'idée de le commémorer, mais leurs projets ne furent pas réalisés. L'un d'eux, à la fin de 1789, proposait d'organiser une fête nationale qui serait célébrée tous les ans « à ce jour immortel [1] ». Dans chaque ville, on construirait un temple dédié à la Liberté. Louis XVI aurait sa statue dans la nef. Les 1.200 députés, « coopérateurs, agents, instruments de la félicité générale », auraient également leurs portraits suspendus aux murs du temple. « Chaque mère *serait* obligée d'aller présenter son fils dans ce temple, où il *serait* investi du

1. *Fête nationale qui sera célébrée tous les ans le jour immortel du 4 août*, in-8°, 8 p. (Bib de la Ville de Paris. 12.272).

droit de citoyen et *recevrait* un nom. Cette espèce de *Baptême patriotique* le rendrait l'enfant de la Nation régénérée. »

Les meilleurs poètes dramatiques seraient chargés de composer une pièce sur le *Triomphe de la Liberté* et la pièce serait jouée devant le peuple tous les ans au 4 août.

Il est à peine besoin d'avertir que le projet ne reçut aucun commencement d'exécution.

Au moins une fois cependant, l'abolition de la dîme fut célébrée par des réjouissances. En 1791, la société fraternelle de Gémeaux (district de Riom), présidée par G. Romme, commémora l'abolition de la dîme par une fête qui ouvrit la moisson. La municipalité, environnée des habitants, se rendit dans un champ qu'on venait de moissonner, et rappela les lois bienfaisantes par lesquelles la Révolution avait libéré la terre. La fête se termina à l'église par un *Te Deum* d'actions de grâces [1].

Quelque temps après, en septembre 1791, les habitants de Septmoncel (Jura) célébrèrent à leur tour par une fête civique l'abolition du servage [2].

Fêtes politiques. — La foi révolutionnaire consistait essentiellement dans les espérances de bonheur que faisait concevoir l'institution politique nouvelle. Il n'est donc pas étonnant que les principaux actes politiques qui annonçaient la prochaine mise en vigueur de la Constitution, si attendue, aient provoqué des fêtes civiques, par lesquelles se manifesta l'espérance universelle.

Quand la France apprit, le 4 février 1790, que le roi avait solennellement promis de maintenir la constitution préparée par l'Assemblée nationale, elle se livra aux transports de la joie la plus vive. Paris illumina deux jours de suite. Le serment civique, prêté par l'Assemblée Nationale, après la

---

1. La fête est racontée par G. Romme lui-même dans une lettre publiée par la *Feuille Villageoise* (n° 43, jeudi, 21 juillet 1792).

2. Voir à ce sujet dans la *Feuille Villageoise* du jeudi 6 octobre 1791, la lettre du curé de Septmoncel, Daller.

visite du Roi, fut répété dans toutes les communes au milieu de cérémonies patriotiques. Enfin, quand la Constitution fut achevée, une grande fête fut organisée à Paris pour la proclamation solennelle, le 18 septembre 1791. Les autorités se rendirent en cortège au Champ de la Fédération. Le Maire monta sur l'autel de la Patrie et montra aux citoyens le livre de la Constitution. Après la cérémonie, on donna à la foule le spectacle, alors très nouveau, de l'ascension d'un aérostat. Le soir, l'illumination fut générale. « Des guirlandes de feu réunissaient tous les arbres depuis la place Louis XV jusqu'au lieu appelé Étoile[1] ».

Le dimanche suivant, 25 septembre, la fête recommença et fut particulièrement brillante au rond-point des Champs-Élysées[2].

La Constitution de 1793 devait être proclamée plus solennellement encore à la grande Fédération du 10 août 1793.

Fêtes des bienfaiteurs et des martyrs de la Liberté. Fêtes funèbres. — Très vite les patriotes organisèrent des cérémonies d'actions de grâces en l'honneur de tous ceux qui avaient préparé la Révolution ou qui étaient morts pour elle. Avant Marat, Chalier et Le Pelletier, d'autres saints politiques, d'autres martyrs de la Liberté eurent leurs statues et leurs cultes.

Desilles. — Après la malheureuse affaire de Nancy, le 20 septembre 1790, une grande fête funèbre fut célébrée au Champ de la Fédération en l'honneur des gardes nationaux qui avaient péri en faisant rentrer dans l'ordre les Suisses de Châteauvieux révoltés. L'officier Desilles, qui avait payé de sa vie ses efforts pour arrêter l'effusion du sang, était honoré d'un buste, couronné de feuilles de chêne, à la séance de l'Assemblée nationale du 29 janvier 1791. Un tableau représentant son action héroïque était commandé au peintre Lebarbier.

1. D'après le *Moniteur*, réimp., t. IX, p. 710.
2. *Moniteur*, réimp., t. IX, p. 774.

A cette occasion, le député Gouy tirait en quelque sorte la morale de ces honneurs posthumes décernés par la Révolution à ses martyrs et comparait les saints laïques aux saints religieux et aux grands conquérants.

« Jusqu'ici, disait-il, cette espèce de culte, cette apothéose, déférée par la reconnaissance et l'admiration, avait été réservée pour une autre classe de héros. C'était aux effigies consacrées par la fureur des conquêtes que se décernait cette pompe, que s'adressaient ces acclamations. Il serait digne de l'humanité, de la liberté, d'y associer enfin les *martyrs du patriotisme*, de faire aujourd'hui de ces cérémonies rémunératrices le prix des sacrifices civiques, dont les monuments viendraient ici vivifier ce temple de la Constitution. Une suite d'images comme celle qui reçoit aujourd'hui le tribut de vos larmes et de nos respects en seraient les gardiens les plus dignes, et, s'il était possible que cette Constitution régénératrice trouvât des ennemis, l'espoir d'occuper une place au nombre des demi-dieux dont vous auriez ici canonisé le premier, suffirait pour lui donner des imitateurs... »

Et Gouy proposait sans ambages de transformer les fêtes civiques en un instrument politique au service de l'Assemblée et des institutions nouvelles.

« Eh bien, de cette terre inanimée, il ne tient qu'à vous de créer des héros. C'est aux législateurs de l'Empire à féconder le germe qu'elle renferme dans son sein et que vos soins seuls peuvent faire éclore. Si la couronne civique, la plus honorable de toutes, ornait par vos ordres le front de la victime immolée au patriotisme, je ne doute pas que cet honneur suprême n'enflammât les cœurs des 500.000 Français que vos décrets appellent à la sûreté ou à la défense de nos frontières. Je ne doute pas qu'il ne devînt un bouclier inexpugnable contre les ennemis qui oseraient troubler nos utiles travaux et qu'une récompense aussi magnifique ne fût le rempart le plus sûr contre les adversaires présents et futurs de la Constitution... »

Sans doute, la pensée est encore vague, mais elle se précisera bientôt, et dès le début de la Législative, les chefs patriotes songeront à réunir les éléments épars du culte révolutionnaire, à les systématiser pour en faire un instrument de propagande civique.

Mirabeau. — Quand Mirabeau mourut, des honneurs magnifiques lui furent rendus. Sainte-Geneviève fut transformée en Panthéon pour recevoir sa dépouille et celle de tous les grands hommes qui, à son exemple, auraient bien mérité de la patrie [1].

Voltaire. — Voltaire à son tour, le 11 juillet 1791, était transféré au Panthéon, au milieu d'une foule immense [2]. « La fête, disait la *Feuille Villageoise*, a été sublime et attendrissante. Elle a frappé et agrandi l'esprit du peuple, elle a discrédité les processions et les images monacales, elle a électrisé d'un feu pur et céleste les hommes les plus grossiers, elle a redoublé la sainte ardeur du patriotisme et répandu de toutes parts les rayons de la Philosophie. Ce jour a donc avancé, pour ainsi dire, d'un siècle les progrès de la raison [3]....» A cette date, les patriotes avancés ne cachaient déjà plus leur intention d'opposer leurs fêtes civiques aux anciennes fêtes religieuses.

Au cours de l'année 1792, les fêtes patriotiques se succèdent à de courts intervalles et se généralisent dans toute la France.

Les Suisses de Châteauvieux. — Le 15 avril 1792, c'est la fête de la Liberté, organisée par Collot d'Herbois et Tallien en l'honneur des Suisses de Châteauvieux, victimes de Bouillé. Le cortège parcourut les principales rues de la capitale au milieu d'une grande affluence. On y voyait

1. Décret du 4-10 avril 1791.

2. Voir le Mémoire de Miss Louise Phelps Kellog dans *La Révolution française*. 1899, t. XXXVII. p. 271 et suiv.

3. *Feuille Villageoise*, n° 43, jeudi 21 juillet 1791.

figurer la Déclaration des Droits portée en triomphe, un modèle de la Bastille, des bustes de Franklin, de Sydney, de J.-J. Rousseau, de Voltaire, les chaînes des soldats de Châteauvieux portées par quatre citoyennes, un char de la Liberté surmonté d'une statue de la déesse, et enfin les quarante Suisses sur le Char de la Renommée attelé de vingt superbes chevaux.

Rendant compte de cette journée, le *Moniteur* en tira cet enseignement à l'usage des hommes politiques : « Nous dirons de plus aux administrateurs. Donnez souvent de ces fêtes au peuple. Répétez celle-ci chaque année, le 15 avril. Que la fête de la Liberté soit notre fête printanière, que d'autres solennités civiques signalent le retour des autres saisons de l'année... Elles élèveront l'âme du peuple, elles adouciront ses mœurs, elles développeront sa sensibilité, en affermissant son courage, elles en feront, disons mieux, elles en ont déjà fait un peuple nouveau. Les fêtes populaires sont la meilleure éducation du peuple [1]. » Voilà le grand mot lâché. Faire des fêtes civiques, nées spontanément, une école pour le peuple, un instrument pour régénérer le pays, ce sera l'article essentiel du programme des organisateurs des cultes révolutionnaires.

Simoneau. — A la fête des Suisses de Châteauvieux ou fête de la Liberté succéda bientôt, le 3 juin 1792, la fête funèbre en l'honneur de Simoneau, ou fête de la Loi. Simoneau était ce maire d'Etampes qui avait été tué dans une émeute populaire, en voulant faire respecter la loi sur les subsistances. Pour les modérés de la Législative ou feuillants, la fête de Simoneau fut une réponse à la fête des Suisses de Châteauvieux qu'ils considéraient comme la glorification de la rébellion. Alors que celle-là était née de l'initiative privée de quelques patriotes avancés, celle-ci fut organisée par les autorités. Un décret de la Légis-

---

1. *Moniteur*, réimp., t. XII, p. 139.

lative[1], complété par un arrêté du département de Paris[2], régla l'ordre et la composition de la cérémonie. Formé au faubourg Saint-Antoine, le cortège se rendit au Champ de la Fédération. Parmi les principaux emblèmes, on voyait une bannière à l'antique aux couleurs nationales avec cette devise : *la Loi*, un modèle de la Bastille, les enseignes des 83 départements avec ces mots : *Soyons unis, nous serons libres*, un drapeau de la *Loi*, un génie de la *Loi* porté sur un lectisternium, un bas-relief représentant le trait héroïque du maire d'Etampes avec une couronne civique et une guirlande de lauriers, l'écharpe du vertueux Simoneau avec une palme et un long crêpe, le buste du même, le livre de la *Loi* sur un trône d'or porté par des vieillards, etc. Au Champ de la Fédération s'élevait un autel de la *Loi*, sur lequel on brûla force encens.

Des fêtes analogues furent célébrées dans les départements en l'honneur de Simoneau, à Angers[3], à Tulle, à Senlis, à Lyon, etc.

A lire leurs programmes, on ne peut manquer d'être frappé de la ressemblance qu'offre leur cérémonial avec celui des fêtes funèbres de la Convention ou du Directoire. Que ce soit Desilles ou Simoneau, Mirabeau ou Voltaire, Hoche ou Joubert, le martyr à glorifier, la forme extérieure de la cérémonie reste presque identique. Les mêmes motifs, les mêmes emblèmes, les mêmes inscriptions reviennent sans cesse.

Ce culte posthume, rendu aux martyrs de la liberté, n'allait pas seulement aux hommes populaires, à ceux dont le nom était sur toutes les lèvres ; il était décerné aussi

---

1. Décret du 12-16 mai 1792.

2. *Programme arrêté par le Directoire du département de Paris, pour la fête décrétée par l'Assemblée Nationale, le 18 mars 1792, à la mémoire de J.-G. Simoneau, maire d'Étampes.* (Bib. de la Ville de Paris, 12.272).

3. A Angers, ce fut La Révellière qui prononça le discours. *Procès-verbal de la cérémonie funèbre qui a été célébrée à Angers en l'honneur de Jacques-Guillaume Simoneau, maire d'Étampes, mort pour le maintien des lois, le 10 avril 1792, par L.-M. Révellière-Lépeaux*, s. l., in-8°, 25 p. (Bib. d'Angers).

aux héros de second ordre et de troisième ordre par leurs proches, leurs amis, leurs compatriotes.

Cerutti. — Cerutti, le premier directeur de la *Feuille Villageoise*, fut, après sa mort, survenue au début de 1792, l'objet de nombreuses cérémonies funèbres organisées par ses partisans [1].

Gouvion. — Gouvion, l'ami de Lafayette, tué à l'ennemi le 9 juin 1792, connut les mêmes honneurs que Cerutti [2].

Fêtes morales. — Aux cérémonies plus proprement civiques se joignirent bientôt les cérémonies plus spécialement morales. S'il est vrai que les vertus publiques trouvent leur source dans les vertus privées, — et les hommes de la Révolution le croyaient fermement, — pourquoi celles-ci ne recevraient-elles pas les mêmes honneurs que celles-là ?

Le 4 février 1790, à la séance de la municipalité parisienne, un grenadier, dont le nom n'a pas été conservé, reçut une *couronne civique* et un sabre d'honneur, pour avoir sauvé, le jour de la prise de la Bastille, une jeune fille sur le point d'être lapidée par la foule, qui la prenait pour la fille du gouverneur [3].

D'autres cérémonies du même genre furent organisées à Paris, mais l'exemple de la capitale ne tarda pas à passer dans les départements. Le 20 juin 1792, le député Lacuée apprit à ses collègues de la Législative que le directoire du Lot-et-Garonne venait de décréter une fête civique pour récompenser Jean Himonet, un charretier qui, dans une émeute, avait sauvé un citoyen au péril de ses jours. Jean Himonet reçut, *au nom de la Patrie*, une couronne de chêne. Faisant le récit de cette fête, Lacuée se félicitait des progrès

---

1. Voir dans la *Feuille Villageoise* du 22 mars 1792, le récit d'une de ces cérémonies qui eut lieu au Hâvre.

2. *Cérémonie religieuse et civique qui a eu lieu le 26 juin 1792 en l'honneur de Gouvion, à Franconville-la-Garenne*, in-8°, 11 p. (Bib. nat., Lb39 6012).

3. *Moniteur*, réimp., t. III, p. 295. Déjà la municipalité avait décerné une médaille à une dame Bouju, pour sa conduite patriotique aux journées d'octobre, *Moniteur*, réimp., t. III, p. 281.

sensibles de l'esprit public; il voyait dans les récompenses décernées solennellement aux actes *vertueux*, le prélude d'*essais politiques* dont il se promettait le plus grand bien [1].

La Patrie n'était donc plus considérée seulement comme l'instrument du bonheur matériel, elle devenait la sauvegarde de la morale. Alors que la religion ancienne reculait dans l'autre monde les récompenses de la vertu, la religion nouvelle les distribuait dès cette vie. — Les cultes révolutionnaires feront à la prédication morale une large place.

Fêtes morales, fêtes politiques, fêtes commémoratives, fêtes des martyrs de la Liberté, le cérémonial de la religion révolutionnaire se trouve esquissé dans ses traits essentiels dès 1792. Il n'est pas plus artificiel que son symbolisme. L'un et l'autre se sont formés spontanément, sans plan préconçu, un peu au hasard. Ils sont le produit anonyme de l'imagination collective des patriotes.

XI

Les prières et les chants patriotiques. Influence du théâtre. — Plus encore que par les cérémonies, un culte fait impression sur ses fidèles par les prières et par les chants. De très bonne heure, le culte révolutionnaire eut ses invocations et ses cantiques. A une date qui n'est pas indiquée, mais qui ne doit pas dépasser l'année 1791, un simple soldat-canonnier de la garde nationale de Blois, J. Bossé, fit paraître tout un recueil de prières patriotiques [2]. Les curés philosophes qui collaboraient alors à la *Feuille Villageoise*, et qui deviendront plus tard les curés rouges du culte de la Raison, sentirent assez vite le besoin de mettre en harmonie la foi ancienne avec la nouvelle. En novembre 1791, le curé d'Ampuis (Loire), Siauve, qui

1. *Moniteur*, réimp., t. XII, p. 727.
2. *Prières patriotiques avec des passages analogues tirés de l'Écriture Sainte, par J. Bossé*, s. d., in-8°, 10 p. (fonds Gazier).

dirigera en l'an VI l'*Écho des Théophilanthropes*, composa une prière au Dieu de justice et d'égalité, qu'il destinait à remplacer « la prière antique et superstitieuse du prône[1] ». Peu après, un de ses confrères, Couet, curé d'Orville, publiait à son tour une fort belle prière patriotique pour demander à Dieu de rendre les Français dignes de la liberté[2]. Des prières de ce genre figureront dans les rituels des cultes de la Raison et de l'Être suprême.

Dès 1792, la foi révolutionnaire s'exprimait dans des chansons, qui mettaient au cœur des citoyens une véritable ivresse religieuse. Le *Ça Ira*, la *Carmagnole*, la *Marseillaise*, furent très vite populaires.

Le théâtre, dont les Français avaient la passion, contribua à répandre les airs patriotiques, et réagit à son tour sur les cérémonies civiques. Dès 1790, on mit la politique à la scène. Les « faits historiques », les « pièces à spectacle », les « tragédies nationales » se multiplièrent, de plus en plus goûtées du public. En 1790, c'est la *Famille patriote ou la Fédération* de Collot d'Herbois[3], le *Quatorze de Juillet 1789* de Fabre d'Olivet[4], l'*Autodafé ou le Tribunal de l'Inquisition* de Gatiot[5], la *Fête de la Liberté ou le dîner des patriotes* de Ch. Ph. Ronsin[6] ; en 1791, c'est *Guillaume Tell* de Sedaine[7], *Mirabeau aux Champs-Elysées* d'Olympe de Gouges[8], le *Triomphe de Voltaire* de J.-B.

1. *Feuille Villageoise* du 17 novembre 1791.

2. *Feuille Villageoise* du 29 mars 1792.

3. *Pièce nationale en deux actes, suivie d'un divertissement, représentée à Paris, sur le théâtre de Monsieur, le 13 juillet 1790*, in-8°, 54 p.

4. *Fait historique en un acte et en vers, représenté à Paris au théâtre des Associés, en juillet 1790*, in-8°, 55 p.

5. *Pièce à spectacle en trois actes, en prose... représentée sur le théâtre de l'Ambigu-Comique, le mardi 2 novembre 1790*, 1790, in-8°.

6. *Comédie en un acte et en vers avec des couplets... représentée sur le théâtre du Palais-Royal, le 12 juillet 1790*, 1790, in-8°.

7. *Drame en trois actes en prose et en vers... musique de Grétry... représenté au mois de mars 1791 sur le ci-devant Théâtre italien*, in-8°.

8. *Comédie en un acte et en prose, représentée le 15 avril 1791 aux Italiens*, in-8°.

Pujoulx [1], *Voltaire à Romilly* de Willemain d'Abancourt [2], la *Ligue des fanatiques et des tyrans* de Ch. Ph. Ronsin [3], la *France régénérée* de P.-J. Chaussard [4]. — En 1792, l'*Apothéose de Beaurepaire* de Ch.-J. Lesur [5], le *Siège de Lille* de Joigny [6], le *Général Custine à Spire* des citoyens D. D. [7], *Tout pour la Liberté* de Ch.-L. Tissot [8], etc.

Une pièce comme le *Triomphe de la République ou le Camp de Grandpré* de M. J. Chénier [9], avec ses chœurs de femmes et d'enfants, ses cortèges de vieillards, de magistrats, ses défilés militaires, son apothéose de la Nation, ses hymnes très larges, ses invocations à la Liberté, à la Nature, ne pouvait manquer de présenter des modèles à imiter aux organisateurs des fêtes patriotiques. Les féeries du même ordre, mises à la portée de tous par la simplicité de l'action et la banalité des situations, donnaient au peuple l'habitude et le goût des spectacles, le familiarisaient d'avance avec les principaux motifs des fêtes de la Raison.

Déjà les pièces patriotiques et les fêtes civiques tendaient à se rejoindre et à se confondre. Les électeurs de 1789 faisaient jouer à Notre-Dame la *Prise de la Bastille*

---

1. Italiens, 31 juillet 1791, in-8°.

2. *Fait historique en un acte et en prose*, Théâtre Molière, 10 juillet 1790, in-8°.

3. *Tragédie nationale en trois actes et en vers*, Théâtre Molière, 18 juin 1791, in-8°.

4. *Pièce épisodique en vers et à spectacle, précédée d'un prologue*, Théâtre Molière, 14 septembre 1791, in-8°.

5. *Pièce nouvelle en un acte et en vers*, Théâtre Français, 21 novembre 1792, in-8°.

6. *Comédie en trois actes et en prose, mêlée de chant*, musique de Trial, Opéra-Comique, 21 novembre 1792, in-8°.

7. *Fait très historique en deux actes, à grand spectacle, mêlé de chants et de danses*, théâtre de l'Ambigu, novembre 1792, in-8°.

8. *Comédie en un acte et en prose, mêlée de vaudevilles*, Théâtre des Variétés du Palais, 20 octobre 1792, in-8°.

9. *Le Triomphe de la République ou le Camp de Grandpré, divertissement lyrique en un acte, représenté par l'Académie de Musique, le 27 janvier, l'an II de la République française; la musique est du citoyen Gossec, les ballets du citoyen Gardel*, [par M. J. Chénier, d'après Barbier]. 1793, in-8°.

« hiérodrame de Desaugiers », au cours de la cérémonie civique qu'ils célébrèrent, le 13 juillet 1791, en commémoration de la grande journée révolutionnaire[1].

Au moment même où la Constituante décrétait une pompe funèbre en l'honneur de Desilles, on jouait au Théâtre italien le *Nouveau d'Assas*, pièce en musique consacrée à l'apothéose du héros de l'affaire de Nancy[2].

La plantation des arbres de la Liberté fut mise à la scène par Manuel dans la Comédie du *Chêne patriotique*.

Conclusion. — Concluons. Il existe une religion révolutionnaire dont l'objet est l'institution sociale elle-même. Cette religion a ses dogmes obligatoires (la Déclaration des Droits, la Constitution), ses symboles, entourés d'une vénération mystique (les trois couleurs, les arbres de la Liberté, l'autel de la Patrie, etc.), ses cérémonies (les fêtes civiques), ses prières et ses chants. Il ne lui manque plus, à la fin de 1792, pour être une religion véritable, que de prendre conscience d'elle-même, en rompant avec le catholicisme dont elle n'est pas encore complètement dégagée. — Cette séparation de la religion nouvelle d'avec la religion ancienne ne s'est pas faite d'un seul coup. Nous allons voir qu'elle fut l'œuvre des circonstances autant que des partis politiques.

---

1. D'après le *Moniteur*, réimp., t. IX, p. 129.
2. D'après le *Moniteur* du 20 octobre 1790. La pièce fut représentée le 15 octobre.

DEUXIÈME PARTIE

COMMENT S'EST FAITE LA RUPTURE ENTRE LA RELIGION ANCIENNE ET LA NOUVELLE ?

CHAPITRE PREMIER

LE MOUVEMENT ANTICLÉRICAL SOUS LA CONSTITUANTE

I. Les patriotes et la réforme du catholicisme. — La Constitution civile.
II. Les curés réformistes et la question du mariage des prêtres. — La *Feuille Villageoise.*
III. Campagne anticléricale. — Anacharsis Cloots et la séparation de l'Église et de l'État. — Naigeon. — Sylvain Maréchal et le Culte domestique. — Le Magistrat-Prêtre. — Pamphlets anticléricaux. — Le mouvement anticlérical inquiète les jacobins.
IV. La religion de la Patrie considérée comme un complément de la Constitution civile. — Mirabeau et les fêtes nationales. — Talleyrand. — Conclusion.

I

Les patriotes et la réforme du catholicisme. — En 1789, personne ou presque personne parmi les révolutionnaires, même les plus avancés, ne songeait à attaquer de front le catholicisme et à lui opposer une religion nouvelle. Personne ou presque personne parmi eux ne désirait séparer l'Église de l'État, tous étaient étrangers à l'idée d'un État entièrement laïque.

Ce n'est pas à dire cependant que beaucoup d'entre eux ne fussent pas des anticléricaux convaincus et décidés, qu'ils ne prissent pas à leur compte les critiques du *Contrat social* contre le christianisme, religion *incivile*. Mais pour des nécessités de tactique, parce qu'ils sentaient que la grande majorité du peuple était encore très croyante, ils remisaient leur anticléricalisme au fond de leur cœur et affectaient à l'occasion un grand respect du christianisme. Ce n'était pas de leur part pure affectation et pure tactique. Ils pensaient avec Rousseau, avec Voltaire, avec la grande majorité des philosophes que le peuple ayant besoin d'une religion, il eût été imprudent de lui enlever celle qu'il avait, avant qu'il fût mûr pour cette « religion civile » qu'ils considéraient comme la religion de la société future. Et, en attendant, ils feignaient d'accepter le christianisme, afin de le réformer, de l'épurer, de le mettre en harmonie avec la nouvelle institution politique, en un mot, afin de lui enlever peu à peu son caractère antisocial.

Dans ses *Mémoires de l'Académie de Nîmes*, parus en 89, Rabaut Saint-Étienne donnait de cette tactique une définition fort exacte, toute inspirée de Jean-Jacques : « Ce n'est point, dit-il, à détruire le ressort moral de la religion qu'il faut travailler. Il faut songer seulement à l'ôter des mains où il est si mal placé, et l'associer au ressort moral de la politique, en le mettant dans les mains de l'administrateur unique des intérêts sociaux ». Autrement dit, il faut mettre la religion sous la surveillance et le contrôle de l'État. Il faut constituer le catholicisme en religion nationale. Mais ce n'est là qu'un premier pas : « Diminuez, continue Rabaut, *insensiblement* les processions, les confréries, les cérémonies des places et des rues... Abolissez les annates, restreignez les assemblées du clergé, faites-les présider par un homme du Roi. Le temps viendra, après avoir subordonné le clergé au gouvernement, de rendre la *Religion civile*, de la faire concourir avec les lois, et de joindre ces deux ressorts dans la même main. La puissance civile sera pour lors dans son plus grand état de force[1] ».

La Constitution civile. — Les philosophes de la Constituante adoptèrent ce programme et le mirent en pratique. La Constitution civile du clergé fut destinée dans leur pensée à épurer le catholicisme et à le mettre en harmonie avec le nouveau régime. C'était une œuvre définitive dans la pensée des gallicans, chrétiens sincères, qui la votèrent, ce n'était qu'un prélude, qu'un travail d'approche pour les philosophes, qui joignirent leurs suffrages aux leurs.

Déjà, en refusant de proclamer le catholicisme religion d'État, les philosophes de la Constituante avaient réservé l'avenir. Le 10 février 1791, ils firent bon accueil à la pétition des quakers qui demandaient : 1° d'être dispensés du service militaire, incompatible avec leur religion ;

2° De pouvoir enregistrer leurs naissances, mariages et sépultures d'après leurs propres maximes et que leurs registres fissent foi en justice ;

3° D'être dispensés de toute formule de serment[2].

Ils firent meilleur accueil encore au rapport où Durand de Maillane demandait la laïcisation du mariage [3]. Après Varennes enfin, ils conservèrent leur traitement ecclésiastique aux chanoinesses qui se marieraient, ce qui était une atteinte indirecte au célibat ecclésiastique [4].

---

1. *Mémoires de l'Académie de Nîmes*, 7e sér., t. XVI, p. 231, cité par Lévy Schneider, *Le Conventionnel Jeanbon-Saint-André*, 1901, in-8°, p. 89.

2. *Pétition respectueuse des amis de la Société chrétienne appelés quakers, prononcée à l'Assemblée nationale, jeudi 10 février 1791*, in-8°. (Bib. nat., Lb39 4606). Le Président de l'Assemblée répondit en distinguant les principes religieux des maximes sociales et en assurant les pétitionnaires que leurs demandes seraient soumises à la discussion.

3. Chargé d'examiner les réclamations du comédien Talma contre le curé de Saint-Sulpice qui refusait de célébrer son mariage, pour la seule raison qu'il était comédien, Durand de Maillane avait proposé « que tout mariage fût valable aux yeux de la loi par la seule déclaration qu'en feront les parties, dans la forme même que la loi leur prescrira ». (Voir son rapport à la Bib. nat., Le29 1512). L'Assemblée fit bon accueil au projet, sans l'adopter formellement. Elle inscrivit toutefois dans la Constitution cette phrase : « La loi ne considère le mariage que comme contrat civil ». Constit. de 1791, titre II, art. 7.

4. Décret du 10-12 septembre 1791.

II

Les curés réformistes et la question du mariage des prêtres. — Mais les philosophes de l'Assemblée furent bien vite dépassés par les philosophes du dehors. La Constitution civile ne réussissait pas à contenter la partie la plus avancée du clergé jureur, ces curés réformistes, qui seront bientôt les curés rouges des cultes révolutionnaires. Elle leur laissait des déceptions. Un prêtre d'Amiens, Lefetz, en relations avec Robespierre, lui écrivait, le 11 juillet 1790, pour lui rappeler sa promesse de parler en faveur du mariage des prêtres, réforme d'une nécessité absolue[1].

En novembre 1790, les Jacobins accorderont les honneurs d'une lecture publique à l'adresse qu'un curé, « âgé de 50 ans », envoyait à l'Assemblée nationale pour lui demander de rendre aux prêtres la liberté de se marier, qui avait été d'un usage constant aux premiers siècles de l'Église[2].

Déjà La Révellière avait fait insérer dans le cahier de sa commune l'abolition du célibat des prêtres[3].

De nombreux pamphlets, dont beaucoup furent l'œuvre d'ecclésiastiques, posèrent la question devant l'opinion publique et réussirent, semble-t-il, à l'émouvoir[4]. Bientôt

---

1. Sa lettre a été publiée dans le recueil intitulé : *Papiers trouvés chez Robespierre*, etc., 1828, 3 vol. in-8°, t. Ier, p. 117.

2. Aulard, *Société des Jacobins*, t. Ier, p. 382 et suiv. Séance du 26 nov. 1790. « Pour éteindre à jamais le flambeau du fanatisme qui semble vouloir se rallumer, le moyen le plus sûr est de rappeler les prêtres à l'état de nature en leur permettant de s'engager dans les doux liens du mariage ; alors, ils pourront avoir des mœurs ; alors, ils prêcheront la vertu d'exemple et de parole ; alors, la considération que s'attireront les ministres rendra la religion plus chère et plus respectable ; alors, livrés à des sentiments plus humains, les prêtres auront des vues plus pacifiques ; alors, ils n'auront pas des intérêts opposés à ceux de la société ; alors, ils seront hommes, ils seront citoyens... »

3. *Mémoires*, t. Ier, p. 60.

4. On trouvera l'indication de quelques-uns dans Tourneux, *Bibliographie*, t. III, p. 386 et suiv. Parmi les premiers en date je citerai : *Le cri de la nation à ses pairs* ou *Rendons les prêtres citoyens*, par M. Hugou de Bassville, membre de plusieurs académies et du Comité du district des

cette propagande se traduisit par des actes, et il y eut des prêtres qui n'attendirent pas 93 pour prendre femme[1].

Sur d'autres points encore, les prêtres réformistes demandaient à compléter, à améliorer la Constitution civile. Carré, curé de Sainte-Pallaye (Yonne), demandait à l'Assemblée nationale de substituer à la liturgie latine une liturgie française et son adresse ne passait pas inaperçue[2].

Un curé, dont le nom n'a pas été conservé, donnait l'exemple dès 1790 de renoncer au costume ecclésiastique et se présentait « en habit bourgeois et en queue » au Club des Jacobins, où il était vivement applaudi. Le même curé avait fondé dans sa paroisse un club patriotique. Il faisait à ses ouailles un double catéchisme, « dans l'un, il *expliquait* les devoirs d'une religion sainte qui prêche la soumission et l'humilité; dans l'autre, il *interprétait* les décrets et inspirait à ses paroissiens, ses frères, ses amis et ses enfants, le respect

---

Filles Saint-Thomas, Paris, 1789, in 8°, 86 p. (Bib. nat., Lb39 2194); *Le cahier des vœux et doléances de tous les gens de bien du baillage* (sic) *d'Aval*, in-8°, 8 p. (Bib. de la Ville de Paris, 32.282). L'art. XIX de ce dernier pamphlet, entièrement rédigé en vers, est ainsi conçu :

Que faire seul au milieu des campagnes ?
L'esprit est faible et le diable est méchant.
A nos curés qu'on donne des compagnes,
Il est si doux d'embrasser un enfant !

1. L'abbé Bernet de Bois-Lorette, aumônier de la Garde Nationale parisienne, bataillon de Popincourt, se maria dès 1790 (Robinet. *ouv. cité*, t. II, p. 18); l'abbé de Cournand, professeur au Collège de France, se maria en septembre 1791 (*ibid.*, p. 23), les abbés d'Herberie et Aubert l'imitèrent à la fin de 1791 (*ibid.*, p. 23-24).

2. *Culte public en langue française, adressé à l'Assemblée nationale par M. Carré, curé de Sainte-Pallaye, département d'Auxerre* (sic), 1er mars 1790, in-8°. (Bib. nat., Lb39 3053). Carré cite à l'appui de son adresse les extraits suivants des cahiers des Etats-Généraux : « Saint-Quentin en Vermandois, p. 6: « Que l'uniformité soit dans le culte extérieur de la Religion dominante, en établissant mêmes fêtes, mêmes catéchismes et même bréviaire » — Mantes et Meulan, p. 250 : « Nous devons, pour la satisfaction du Tiers-État, énoncer le désir qu'il aurait de voir la liturgie commune. Nous parlons aujourd'hui avec plaisir de cette demande qui nous prouve que les sentiments sont uniformes, puisqu'on désire que la manière de prier le soit elle-même. Plût à Dieu que cette réclamation eût été faite il y a trois cents ans... » — Paris, extra muros, p. 30. « Qu'il serait à désirer que les offices et prières publiques se fissent en langue française ».

qui est dû aux volontés d'une nation unie de cœur et d'esprit et à son roi adoré[1] ».

La Feuille Villageoise. — Les curés réformistes eurent bientôt, à la fin de 1790, un grand journal pour écouler leur prose, la *Feuille Villageoise*[2], qui leur fut grande ouverte. Fondée par Rabaut-Saint-Étienne, Cerutti et Grouvelle, la *Feuille Villageoise* fut par excellence l'organe des novateurs religieux. Très prudente à ses débuts, elle ne se proposait en apparence que de défendre la Constitution civile et de répandre dans les campagnes l'instruction patriotique. Elle s'adressait à la fois au curé patriote et au maître d'école[3]. Mais peu à peu, sous prétexte de réfuter les réfractaires, elle inséra des attaques plus ou moins voilées contre la religion elle-même. Dès son n° 20 (jeudi 10 février 1791), elle publiait une *Recette contre une ancienne maladie que les historiens appellent Fanatisme*, remplie de critiques très vives, encore qu'indirectes, contre les dogmes catholiques. Les numéros suivants redoublaient de hardiesse, faisaient par exemple l'éloge de la religion naturelle, et, selon les théories que Dupuis développera bientôt dans son *Origine de tous les cultes*, retrouvaient dans le christianisme les symboles naturalistes : « Ni les moines, ni les papes, ni les siècles, ni les nouveautés de toute espèce n'ont jamais pu déplacer les quatre grandes fêtes du Soleil ou de la Religion agricole [la religion primitive]. La *Saint-Jean* perpétua la fête du solstice d'été, la *Vierge* perpétua la fête de l'équinoxe d'automne, Noël perpétua celle du solstice d'hiver, le jour de Pâques, enfin, perpétua celle

1. D'après le *Patriote français* du 29 décembre 1790, cité par Aulard, *Société des Jacobins*, t. Ier, p. 441.

2. *Feuille Villageoise adressée chaque semaine à tous les villages de la France, pour les instruire des lois, des événements, des découvertes qui intéressent tout citoyen; proposée par souscription aux propriétaires, fermiers, pasteurs, habitants et amis des campagnes.* Le 1er numéro date du 30 sept. 1790. Consulter sur ce journal la substantielle notice de M. Tourneux. *Bibliographie*, t. II, n° 10.571.

3. Son 1er numéro est précédé d'une double gravure, dont l'une représente le curé patriote, l'autre, le maître d'école lisant l'un et l'autre la *Feuille Villageoise* aux paysans rassemblés devant l'église.

de l'équinoxe printanier et la résurrection du Christ se combina saintement avec la résurrection des campagnes, que le printemps fait naître et refleurir. L'Égypte célébrait, commémorait au même jour la résurrection symbolique d'Osiris. La Phénicie célébrait, commémorait au même jour la renaissance d'Adonis, la Phrygie celle d'Athys, la Grèce celle de Psyché, la Sicile celle de Proserpine, la Perse, enfin, celle d'Orosmade[1] ».

P. Manuel, qui ne tardera pas à devenir le premier chef des déchristianisateurs, s'indignait dans le même journal qu'on eût fait dire des messes pour le repos de l'âme de Mirabeau ! « Des MESSES[2] pour Mirabeau ! Est-ce que des pains pour les pauvres ne valent pas mieux? » Et Manuel citait avec force éloges la patriotique conduite d'une petite municipalité du Loiret, Mormant, dont le maire, P. Bardin, *qui était en même temps curé,* avait remplacé les messes par des distributions de pain aux pauvres, « les bénédictions des pauvres étant les prières les plus agréables aux yeux de l'Éternel[3] ».

Sans doute, dans un avis placé en tête du second volume de leur journal, Grouvelle et Cérutti semblaient désavouer les attaques contre le catholicisme qu'ils avaient accueillies dans leurs colonnes. Mais leur désaveu était lui-même une critique de la Religion, dont ils se disaient respectueux :

« On nous a reproché d'avoir nous-mêmes montré un peu d'intolérance contre le papisme, on nous a reproché de n'avoir pas toujours épargné l'arbre immortel de la foi. Mais que l'on considère de près cet arbre inviolable et l'on verra que le fanatisme s'est tellement entrelacé dans toutes ses branches qu'on ne peut frapper sur l'une sans paraître frapper sur l'autre ».

La *Feuille Villageoise* poursuivit sa propagande anticléricale. Les curés réformistes continuèrent à y écrire à côté des

1. N° 31 du jeudi 28 avril 1791.
2. Souligné dans le texte.
3. Expression de Bardin lui-même dans l'arrêté qu'il fit prendre à son Conseil municipal. L'arrêté est publié dans le n° 32 du 5 mai 1791.

philosophes : Géruzez, curé de Sacy, près de Reims, à côté de Gilbert Romme et de Lanthenas; Mahias, curé d'Achères (Seine-et-Marne), à côté de Ginguené et de Jacques Boileau; François-Nicolas Parent, curé de Boissise-la-Bertrand, Siauve, curé d'Ampuis, qui finiront tous deux dans la Théophilanthropie, à côté de François de Neufchâteau et de Mme de Sillery. Les uns et les autres mirent leurs articles au même diapason.

Dès la première année, le journal comptait 15.000 souscripteurs, très gros chiffre pour l'époque. Je ne mets pas en doute que sans la campagne habile et prolongée de la *Feuille Villageoise*, l'œuvre de déchristianisation de Chaumette et de Fouché eût été impossible.

III

Campagne anticléricale. — La *Feuille Villageoise* fut le journal philosophique par excellence, mais d'autres grands journaux politiques, la *Chronique de Paris*, de Condorcet et Rabaut [1], les *Révolutions de Paris*, de Prudhomme [2], menèrent avec elle le bon combat et insérèrent dès 1790 des attaques plus ou moins directes contre la Constitution civile et contre le christianisme. Il était manifeste que les philosophes s'enhardissaient, et que le respect légèrement hypocrite, dont ils avaient fait preuve jusque-là à l'égard de la religion, commençait à leur peser de plus en plus.

Anacharsis Cloots et la séparation de l'Église et de l'État. — Dès mars 1790, Anacharsis Cloots renonçait à ménager le catholicisme : « Si une religion est nécessaire au peuple, écrit-il dans la *Chronique de Paris* [3], ce ne peut être que la religion

1. Elle comptait aussi parmi ses collaborateurs Ch. de Villette, Pierre Manuel, Anacharsis Cloots.

2. Après la mort de Loustallot, elles eurent pour rédacteurs Sylvain Maréchal, Fabre d'Eglantine, Santonax et Chaumette.

3. *Chronique de Paris* du 29 mars 1790, cité par H. Baulig; *Anacharsis Cloots, historien et théoricien*, dans *La Révolution française*, t. XLI, p. 319. J'emprunte au même article les renseignements qui suivent.

naturelle », et il croit l'heure arrivée d'établir cette religion naturelle que Rousseau et Rabaut-Saint-Étienne n'avaient fait qu'entrevoir dans un lointain incertain. Non seulement il préconise le mariage des prêtres, le divorce, la diminution du nombre des évêques, puis leur suppression, mais il lui échappe de souhaiter qu'il n'y ait pas d'autres prêtres que les pères de famille. Son anticléricalisme s'affirme dans les pamphlets, dans la presse et jusqu'à la tribune des Jacobins. Dans sa crainte d'une religion dominante, il s'élève bientôt à l'idée de la laïcité de l'État. Il propose aux Jacobins « d'imiter les Américains-Unis, qui ont le bon sens de reconnaître qu'un corps politique, que le Souverain n'a point de religion, quoique les membres du Souverain peuvent en avoir une individuellement. La religion est une relation entre Dieu et ma conscience, mais non pas entre Dieu et des consciences prises collectivement...[1] ». Le principe, une fois posé, il en tire toutes ses conséquences, il veut interdire toutes les manifestations extérieures des différents cultes, « concentrer l'exercice des cultes dans l'enceinte des oratoires[2] ». Très vite, la religion ne lui paraît plus indispensable à la vie de la société, il passe à l'athéisme et il se met à attaquer ouvertement les bases de toutes les religions. Le 20 avril 1791, il porte à Fauchet le défi de discuter publiquement les preuves et les fondements du christianisme[3] et, à cette occasion, il demande formellement que la Constitution civile soit rapportée et que l'État cesse de salarier les prêtres, qu'il appelle « des diseurs de bonne ou mauvaise aventure ».

Naigeon. — Anacharsis Cloots, à qui C. Desmoulins ouvrait son journal, ne restait pas isolé dans cette campagne pour la laïcité de l'État. L'athée Naigeon développait des

---

1. Motion d'un membre du club des Jacobins, par Anacharsis Cloots. Paris, 18 mars 1790, dans Aulard, *Société des Jacobins*, t. Iᵉʳ, p. 33.

2. Lettre aux auteurs de la *Chronique de Paris* du 29 mars 1790 dans H. Baulig, *art. cité*, p. 321.

3. Camille Desmoulins publia son défi dans les *Révolutions de France et de Brabant* du 1ᵉʳ mai 1791.

considérations analogues aux siennes dans une *Adresse à l'Assemblée Nationale sur la liberté des opinions, sur celle de la presse, etc...., ou examen philosophique de ces questions: 1° Doit-on parler de Dieu et en général de la Religion dans une Déclaration des Droits de l'homme?*

2° La liberté des opinions, quel qu'en soit l'objet, celle du Culte et la liberté de la Presse peuvent-elles être légitimement circonscrites et gênées de quelque manière que ce soit par le Législateur[1]?

Naigeon y demandait, avant Cloots, la séparation complète de l'État et des Églises. Il voulait bannir le nom de Dieu du droit naturel, du gouvernement civil, du droit des gens, de la morale. Il se prononçait énergiquement pour la suppression du salaire des prêtres.

Sa brochure fit impression puisque les catholiques essayèrent d'y répondre. L'un d'eux couvrit Naigeon d'injures et déclara qu'il n'était que l'organe de tout un parti puissant à l'Assemblée[2].

Sylvain Maréchal et le Culte domestique. — Sans aller aussi loin que Cloots et que Naigeon, l'athée Sylvain Maréchal souhaitait à son tour la suppression de la caste sacerdotale[3]. Mais alors que Cloots et Naigeon semblaient faire la guerre à l'idée religieuse elle-même, Maréchal, estimant que le peuple n'était pas encore mûr pour le rationalisme, demandait le maintien d'un culte, mais d'un culte domestique, qui n'aurait que des avantages. Moitié plaisant, moitié sérieux, il décrivait

1. Paris, 1740, in-8°, 140 p. La brochure est anonyme, mais l'exemplaire de la Bib. Nat. (Lb39 3081) porte sur la couverture : par Naigeon.

2. *Préservatif contre un écrit intitulé Adresse à l'Assemblée Nationale....*, in 8° (Bib. Nat., Lb 39 3082).

3. Dans sa brochure intitulée : *Décret de l'Assemblée nationale portant règlement d'un culte sans prêtres, ou moyen de se passer de prêtres sans nuire au culte*, Paris, 1790. in-8° (Bibl. Nat, Lb 39 8650).

En tête, cette épigraphe signée Silvain M......l (Maréchal) :

« Un intègre vieillard, instruit par les années,
De ses nombreux enfants guidant les destinées,
Ne peut-il mieux qu'un prêtre enseigner la vertu?
D'un caractère saint n'est-il pas revêtu? »

ce culte sans prêtres qu'il voulait instituer. Les plus anciens de chaque hameau feront désormais l'office des prêtres. « Une barbe vénérable leur tiendra lieu d'ornements sacerdotaux ». Le prêtre-chef de famille mariera, enterrera, « attestera la naissance des enfants ». Pour tout culte, « assis sur le seuil de sa porte pendant la belle saison ou devant un foyer chaud et commode en hiver », il prononcera des homélies courtes et touchantes. Il offrira « les prémices de la terre au Dieu de la Nature », il fera chanter des cantiques alternés aux jeunes filles et aux jeunes hommes. Deux fois par an, il donnera la communion à ses enfants ; à l'issue de la moisson, en leur distribuant un gâteau de fine fleur de froment ; à l'issue des vendanges, en faisant faire, le tour de la table à un grand ciboire rempli de vin nouveau. A l'époque de l'ancienne fête des Rogations, le 1er avril, il fera avec ses enfants le tour de son domaine en invoquant « le dieu de la fécondité ». Tous les ans, au commencement de l'hiver, vers le temps de l'ancienne fête de la Toussaint, il commémorera le souvenir des ancêtres décédés qui ont fait le plus d'honneur à la famille. A Noël, il célébrera la naissance des enfants. Le jour de l'ancien Vendredi-Saint, il adressera des consolations aux membres de la famille qui auront souffert « soit par une maladie, soit par des peines d'esprit ou de cœur ». Quand les enfants mâles auront vingt ans, les filles quinze, le prêtre-chef de famille leur conférera la confirmation devant les parents assemblés. « Le jeune homme s'offrira tête nue... Le pontife lui couvrira la tête du bonnet de la Liberté, en lui disant : « je te salue au nom de tes parents et de tes semblables. La nature t'a fait homme comme nous, nous t'en confirmons les droits, confirme-nous en les devoirs ».

Ces imaginations ne faisaient pas sourire autant que nous pourrions le croire et, aussi efficacement que la logique de Cloots et de Naigeon, elles minaient peu à peu la Constitution civile.

Le Magistrat-Prêtre. — Au culte domestique proposé par Maréchal, un anonyme qui pourrait bien être, à de certains indices, Boissy d'Anglas, préférait un théisme d'État. Dans une curieuse brochure, parue certainement en 1790 et dont le titre dit bien le contenu, le *Magistrat-Prêtre*[1], il proposait, selon ses expressions, « le rétablissement de l'ordre par la réunion du Pontificat et de la Souveraineté nationale, du Sacerdoce à la Magistrature et le sacrifice des intérêts des prêtres au besoin de conserver la Religion... » Autrement dit, estimant que la Constitution civile laissait encore à l'Église trop de force dans l'État, l'auteur anonyme voulait instituer une nouvelle religion d'État, qui ne serait pas le christianisme, mais le théisme.

Le christianisme est antisocial, c'est une religion d'esclaves, c'est le plus ferme appui des empires despotiques. L'Assemblée nationale a eu tort de salarier les ministres du christianisme romain, elle a salarié ainsi l'intolérance, l'amour de la domination, « les automates de la Providence ». Il faut donc détruire le christianisme, mais il faut le remplacer. Il n'est pas vrai qu'une société d'athées puisse subsister, Bayle n'a pu le soutenir que par un sophisme. Les athées de bonne foi n'existent pas. D'ailleurs, quand même il serait vrai que la religion ne serait qu' « une superstition épurée », « on ne peut nier que la superstition elle-même tient à la nature de l'esprit humain ». Il faut donc prendre les hommes comme ils sont. Puisqu'ils sont naturellement superstitieux et qu'il leur faut une religion, que cette religion favorise du moins la liberté, loin de lui nuire, et qu'elle soit dans la dépendance directe de la Nation. Les prêtres seront désormais des magistrats amovibles et temporaires nommés par le peuple et ils enseigneront le pur théisme. Il appartiendra à l'Assemblée nationale législative, qui va se réunir, d'apporter à la Constitution civile du clergé les réformes nécessaires, et pour cela il faut que cette assemblée soit « reconnue souveraine quant à la partie spirituelle du culte religieux ». Ces réformes faites, l'unité sera rétablie entre la Religion et la Législation, entre

---

1. *Le Magistrat-prêtre*, s. l. n. d., in-8°, 16 p. (Bibl. Nat., Ld4 3755).

l'Église et l'État, entre le Ciel et la Terre, cette unité féconde qui avait fait le bonheur des cités antiques !

Pamphlets anticléricaux. — Cette prédication ne restait pas sans écho. Ce qui le prouve, c'est le nombre toujours croissant des pamphlets anticléricaux [1] et le succès qu'obtiennent certains d'entre eux. La première édition de l'*Esprit des Religions* de Bonneville s'enlève « avec une rapidité dont on a peu d'exemples dans un temps de Révolution [2] ». Le pamphlet de Ginguené *De l'Autorité de Rabelais dans la Révolution présente, et dans la Constitution civile du clergé* [3] n'avait pas été moins bien accueilli.

On retrouvait la verve licencieuse des fabliaux contre les prêtres et les moines dans de nombreux écrits de circonstance qui, sous prétexte d'applaudir à la Constitution civile, à la confiscation des biens d'église, à la fermeture des couvents, s'en prenaient en réalité à l'Église et à la Religion elles-mêmes. Le titre en est parfois si indécent qu'il est difficile à reproduire [4].

L'un de ces écrits satiriques, sous le titre d'*Enterrement du despotisme ou Funérailles des aristocrates* [5], décrivait par avance en 1790, un de ces cortèges grotesques, une de ces

---

1. M. Tourneux en a signalé quelques-uns dans sa *Bibliographie*, t. III, chap. II.

2. D'après le *Moniteur* du 31 août 1792. Ce numéro annonce l'apparition de la seconde édition.

3. *De l'autorité de Rabelais dans la Révolution et dans la Constitution civile du Clergé, ou Institutions royales, politiques et ecclésiastiques, tirées de Gargantua et de Pantagruel. En Utopie, de l'imprimerie de l'abbaye de Thélème.* Paris, Gattey, 1791, in-8° (Bib. Nat., Lb 39 4493, par Ginguené, d'après Barbier). 

4. Voir Tourneux, *Bibliographie*, t. III, n°s 15519, 15520, 15521, 15522, 15523, 15524, 15525.

5. *Enterrement du despotisme ou funérailles des aristocrates, deuxième fête nationale dédiée* (sic) *à nos patriotes bretons... à l'honneur et gloire de nos beaux frères du faubourg Saint-Antoine pour être célébré* (sic) *le 17 juillet 1790, sur les débris de la Bastille, de là, au Champ de Mars, et ensuite au Réverbère régénérateur, place de Grève, où seront déposées les cendres de tous les aristocrates avec un marbre noir, portant ces mots: Ci-gissent* (sic) *à la fois tous les maux de la France : Clergé, Judicature, Noblesse et Finance.* 1790, in-8°. (Bib. de la Ville de Paris 12272).

mascarades antireligieuses, comme il s'en déroulera dans les rues trois ans plus tard : « Des hommes vêtus de noir en crêpe porteront de distance en distance au bout des piques, des peaux de tigres, des plumes, des plumets, des surplis, des aumusses, des robes rouges, etc......, et tout ce qui a rapport aux anciennes dignités du clergé et de la noblesse, et surtout l'ancien archevêque de Paris, donnant la bénédiction avec sa patte... »

Le mouvement anticlérical inquiète les Jacobins. — Le mouvement anticlérical fut bientôt assez fort pour préoccuper les politiques prudents. Le 9 janvier 1791, les Jacobins adressaient une circulaire [1] à leurs sociétés affiliées pour les mettre en garde contre les pièges des prêtres réfractaires. La circulaire prenait vivement la défense de la Constitution civile. Elle désavouait implicitement les attaques dont elle avait été l'objet de la part des philosophes trop pressés. Elle protestait contre le bruit, répandu « avec affectation », d'après lequel l'Assemblée se proposerait de détruire « le culte de nos pères ». « Quelle absurde calomnie ! » C'était transformer les philosophes avec une habileté perfide en alliés et en complices des réfractaires.

Le 13 juin 1791, pour témoigner mieux encore de leur respect du catholicisme, les Jacobins accordaient les honneurs de leur séance « aux jeunes communiants de l'église métropolitaine ». La scène avait été préparée d'avance, car l'un des communiants prononçait un discours : « A peine sortis des mains de la Religion, nous venons au milieu de vous donner les preuves du patriotisme dont nous sommes enflammés.., » et Prieur qui présidait le club répondit : « Vous venez d'être adoptés par la religion. La patrie vous adopte à son tour [2] ».

---

1. Voir la circulaire dans Aulard, *Société des Jacobins*, t. II, p. 4.
2. Voir le compte-rendu de la séance dans Aulard, *Société des Jacobins*, t. II, p. 501.

IV

La Religion de la Patrie considérée comme un complément de la Constitution civile. — Mais si les Jacobins faisaient encore profession de respecter la Religion, ils mettaient déjà à côté d'elle la Patrie, qui était aussi une Religion.

Très vite l'idée leur vint, plus ou moins consciemment, de compléter en quelque sorte la Constitution civile par tout un ensemble de fêtes nationales, de cérémonies civiques, qui seraient plus spécialement l'école du patriotisme. Dès lors, la Constitution civile n'était plus dans leur esprit qu'une concession nécessaire faite au passé, les fêtes nationales préparaient les voies à la religion de l'avenir.

Cette idée d'organiser peu à peu un culte civique, complément et correctif de l'autre, ne fut pas suggérée aux hommes politiques par des vues théoriques, par des considérations abstraites. Les symboles révolutionnaires, les fêtes civiques n'attendaient pas, pour naître, l'intervention des hommes politiques. Bien au contraire, ce fut le spectacle du culte révolutionnaire déjà tout formé dans les fédérations, qui provoqua chez eux le désir de le perfectionner, de le systématiser, d'en faire, en un mot, un instrument politique[1].

Au lendemain même de la Fédération, un curé patriote, partisan de l'abolition du célibat ecclésiastique et aussi avancé en politique que les curés de la *Feuille Villageoise*[2],

---

1. Cette remarque a été déjà faite par M. Victor Moulins dans un mémoire pour le diplôme d'études présenté à Sorbone « Ce sont des événements réels, les fêtes spontanées des Fédérations et non les théories de J.-J. Rousseau sur les réjouissances publiques, qui ont décidé les révolutionnaires à organiser des fêtes périodiques ». *Université de Paris. Positions des mémoires présentés à la Faculté des Lettres pour l'obtention du diplôme d'études supérieures. (Histoire et Géographie).* Paris, 1896, in-8°. Le mémoire est intitulé : L'Institution des fêtes civiques et nationales pendant la Révolution jusqu'à l'établissement du calendrier républicain. (mai 1789, octobre 1793), par Victor Moulins, licencié ès-lettres.

2. Il critiquait l'article de la Constitution qui proclamait la personne du Roi inviolable et sacrée et la couronne héréditaire.

concevait le projet d'organiser des fêtes patriotiques pour faire aimer la Constitution. « Le meilleur traité de morale d'un peuple libre, écrivait-il[1], serait peut-être le recueil des fêtes de la Liberté. C'est par des jeux et des spectacles qu'on peut inspirer aux hommes l'amour des mœurs et le courage de la vertu. Le langage sévère des lois, s'il se fait entendre au cœur humain, n'en persuade pas aisément l'observation, parce qu'elles n'imposent que des sacrifices, et que l'enthousiasme, l'émulation de la gloire peuvent seuls commander des sacrifices.... »

L'idée faisait son chemin. Après la fuite à Varennes, Gilbert Romme, racontant dans la *Feuille Villageoise* la fête civique qu'il avait organisée pour commémorer l'abolition de la dîme, demandait à son tour que les fêtes patriotiques fussent généralisées. A côté de la religion chrétienne, il parlait de dresser la religion de la Loi. « La Loi est la religion de l'État, qui doit avoir aussi ses ministres, ses apôtres, ses autels et ses écoles[2]. » Dans la même lettre, G. Romme demandait aussi la revision de la Constitution et faisait entendre un langage républicain. Il n'est pas douteux que le 20 Juin 1791 fit beaucoup pour le progrès des idées avancées en religion comme en politique.

Mirabeau et les fêtes nationales. — Les Constituants eux-mêmes se laissaient peu à peu entraîner dans le mouvement. En juillet 1791, sous le titre de *Travail sur l'éducation publique trouvé dans les papiers de Mirabeau l'aîné*[3], Cabanis

1. *Confédération nationale du 14 juillet 1790, ou description fidèle des réjouissances publiques qui ont accompagné cette auguste cérémonie*, Paris, 1790, in-8° (Bib. de la Ville de Paris, 12272). Cet écrit périodique n'eut que trois numéros. La citation est empruntée au n° 2.

2. *Feuille Villageoise*, n° 43, jeudi 21 juillet 1791.

3. Paris. 1791, in-8° (Bib. nat., R 23.024). Voir sur cette publication l'étude critique de H. Monin dans *La Révolution française* du 14 septembre 1893. Que le travail soit de Mirabeau ou de Cabanis, cela importe peu pour notre thèse D'une façon ou de l'autre, son influence fut la même. Il importe peu aussi que Mirabeau ait été sincère en proposant d'établir des fêtes publiques d'où le catholicisme serait exclu, ou qu'il ait, au contraire, tendu un piège aux patriotes en les poussant aux mesures extrêmes, comme a pu le soutenir avec vraisemblance le Dr Robinet, *op. cit.*, II p. 14 et suiv. Nous n'avons à considérer que la portée de la publication.

éditait quatre discours inédits de Mirabeau, dont l'un traitait « des fêtes publiques, civiles et militaires ». Ici, la pensée encore vague de Romme et du curé patriote s'est précisée, s'est élargie, s'est transformée en une vue politique systématique.

Les fêtes nationales, dit Mirabeau en substance, redeviendront ce qu'elles ont été autrefois en Grèce et à Rome, une école de patriotisme et de morale. Elles ramèneront peu à peu l'unité entre la « magistrature et le sacerdoce »; elles feront disparaître les divisions, les défiances, les préjugés des citoyens. Leur objet « doit être seulement le *culte de la Liberté*, le *culte de la Loi* ». Aussi, n'y mêlera-t-on jamais « aucun appareil religieux ». « La sévère majesté de la religion chrétienne ne lui *permet* pas de se mêler aux spectacles profanes, aux chants, aux danses, aux jeux de nos fêtes nationales et de partager leurs bruyants transports. »

Par cette raison spécieuse, dont il dut sourire intérieurement, Mirabeau sauvegardait l'indépendance de la religion nouvelle et se réservait sans doute de l'opposer, puis de la substituer à l'ancienne dans un avenir plus ou moins éloigné. Ainsi l'unité « du sacerdoce et de la magistrature » sera rétablie comme dans l'antiquité.

Il y aura chaque année quatre fêtes civiles qui se célébreront aux solstices et aux équinoxes, jusque dans les plus petites communes : 1° la fête de la *Constitution*, en mémoire du jour où les communes de France se constituèrent en Assemblée nationale; 2° la fête de la *Réunion* ou de l'*Abolition des ordres;* 3° la fête de la *Déclaration des Droits*; 4° la fête de l'*Armement* ou de la *Prise d'Armes*, « en souvenir de l'accord admirable et du courage héroïque avec lequel les gardes nationales se formèrent tout-à-coup pour protéger le berceau de la Liberté ».

Les quatre fêtes civiles seront suivies de quatre fêtes militaires : 1° la fête de la *Révolution;* 2° la fête de la *Coalition*, « en mémoire de la conduite des troupes de ligne pendant l'été de 1789, où la voix de la Liberté les réunit autour de la

Patrie »; 3° la fête de la *Régénération;* 4° la fête du *Serment militaire,* dont « le but est de faire sentir à l'armée ses rapports particuliers avec la chose publique, de lui retracer ses devoirs en caractères sensibles ».

Il y aura enfin tous les ans, au 14 juillet, une grande fête nationale, la *fête de la Fédération ou du Serment.* Ce jour-là, tous les districts du royaume enverront à Paris un délégué pris indifféremment parmi les officiers, les bas-officiers ou les simples soldats.

Mirabeau esquissait d'avance le programme de ces fêtes nationales. Dans les fêtes civiles, on prononcerait « l'éloge funèbre des hommes qui auront rendu des services à la Patrie ou qui l'auront honorée par leurs talents[1] »; on y distribuerait « toutes les récompenses publiques, les prix des Académies, ceux mêmes des collèges[2] »; on y représenterait des pièces de théâtre[3]: on y exposerait les nouveaux chefs-d'œuvre de peinture, de sculpture, de mécanique, enfin de tous les arts quelconques[4].

Ce n'étaient pas là, remarquons-le encore une fois, rêves d'un esprit abstrait, inventions d'une imagination fantaisiste, mais conceptions d'homme d'État qui ne tarderont pas à passer dans les faits, qui sont déjà en voie d'exécution. Comme le curé patriote de tout à l'heure, Mirabeau s'est, en effet, inspiré de l'exemple de la Fédération et des nombreuses fêtes civiques qui suivirent[5].

---

1. C'est le thème des fêtes des martyrs de la Liberté. Voir plus haut p. 53.

2. C'est le thème des fêtes morales. Voir plus haut p. 58.

3. Les représentations théâtrales s'étaient déjà mêlées aux fêtes civiques. Voir plus haut p. 61.

4. C'est l'idée de l'Exposition nationale prévue pour les 5 jours complémentaires du calendrier républicain (rapport de Fabre d'Eglantine), et réalisée par François de Neufchâteau, à la fin de l'an VI.

5. « Rappelez-vous ce jour mémorable où, de toutes les parties de l'Empire, accouraient dans une douce ivresse, les enfants de la Constitution, lui jurer sous vos yeux une invincible fidélité. Rappelez-vous cette foule de scènes touchantes et sublimes, dont la capitale fut alors le théâtre, et qui se répétèrent comme par une sorte de sympathie ou d'inspiration, non seulement dans nos campagnes les plus reculées, mais presque chez les nations les

Son travail posthume n'en aura pas moins une grande importance pour la formation des cultes révolutionnaires. Il a systématisé une idée encore vague et il lui a donné l'autorité de son grand nom. Les nombreux projets de cultes civiques qui vont suivre seront imités du sien et ne lui ajouteront presque rien d'essentiel. Il est le premier, enfin, à avoir dit nettement qu'il fallait séparer la religion révolutionnaire du catholicisme. Ses conseils ne seront pas perdus.

Talleyrand. — Déjà, dans le volumineux rapport qu'il présenta au nom du Comité d'instruction publique dans les derniers jours de la Constituante, Talleyrand s'inspira du projet de Mirabeau, son ami[1]. Les fêtes nationales sont considérées par lui comme une partie de l'instruction publique, comme l'école des hommes faits. Il espère, avec Mirabeau, qu'elles entretiendront chez les Français « l'amour de la Patrie, cette morale presque unique des anciens peuples libres ». Avec Mirabeau encore, il estime que la religion serait déplacée dans les fêtes nationales de « l'allégresse », et il l'en écarte, mais il lui conserve une place dans les fêtes de « la douleur ». Peu importe qu'il ne suive pas Mirabeau point par point, qu'il réduise à deux les fêtes périodiques, celles du 14 juillet et du 4 août, qu'il ne sépare pas absolument le catholicisme du « culte de la Liberté », son projet n'en revient pas moins en pratique à opposer à la religion ancienne la religion nouvelle.

Conclusion. — La Constituante n'eut pas le temps matériel de discuter le rapport de Talleyrand. Elle tint cependant, avant de se séparer, à consacrer par un vote de principe l'institution des fêtes nationales. Sur la proposition de

---

plus lointaines. Ce jour ne vous a-t-il pas montré l'homme sous des rapports nouveaux?... Je voudrais, messieurs, vous parler aussi de la fête funéraire célébrée peu de temps après dans le même lieu (a).... ». Même discours *sub finem*.

a. Fête des gardes nationaux tués à Nancy, 20 septembre 1790.

1. *Rapport sur l'Instruction publique*, Paris, 1791, in-4°.

Thouret, elle adopta *à l'unanimité* cet article additionnel à la Constitution : « Il sera établi des fêtes nationales pour conserver le souvenir de la Révolution française, entretenir la fraternité entre les citoyens, les attacher à la Patrie et aux lois[1]. »

Il n'est pas exagéré de croire qu'à l'insu peut-être de la majorité de ceux qui le votèrent, les cultes révolutionnaires étaient en germe dans cet article.

---

1. Constitution de 1791, titre Ier.

CHAPITRE II

LE MOUVEMENT ANTICLÉRICAL SOUS LA LÉGISLATIVE

I. Octobre-décembre 1791. — Godefroy. — Un anonyme. — André Chénier.
II. Discussion sur les prêtres à la Législative. — Le discours d'Isnard du 14 novembre. — Le projet de François de Neufchâteau.
III. Les résultats. — La propagande civique. — Les brochures patriotiques. — Les conférences populaires — Lanthenas et les sociétés populaires. — Les propagateurs de la Raison.
IV. Divisions parmi les jacobins : P. Manuel et Robespierre. — Robespierre et Guadet.
V. Progrès des idées philosophiques. — La Fête-Dieu à Paris en 1792.
VI. Les projets de fêtes civiques sous la Législative — De Moÿ. — Le rapport de Français (de Nantes) du 26 avril 1792. — Nouveau débat sur les réfractaires. — Le comité d'instruction publique et la propagande civique. — Projets de fêtes civiques émanés de simples particuliers. — Projet de Gohier sur l'état-civil. — Le décret du 20 septembre 1792.
VII. Le 10 août et la déchristianisation : A, La Commune ; B, La Législative. — La situation à la fin de la Législative. — Conclusion.

I

Octobre-décembre 1791. — La Législative eut à s'occuper, dès ses premières séances, de la question religieuse. La Constitution civile du clergé avait provoqué des troubles graves dans toute la France, surtout dans les campagnes [1]. Les prêtres constitutionnels ne se maintenaient guère que dans les villes, et là même ils étaient molestés par les partisans des réfractaires [2]. Chargées d'appliquer la loi, la plu-

1. Voir le rapport de Gensonné et Gallois, envoyés comme commissaires en Vendée et dans les Deux-Sèvres (publié dans le *Moniteur* du 10 novembre 1791).
2. Comme à Caen. Voir Robinet, *op. cit.*, t. II, p. 78.

part des municipalités faiblissaient, quand elles ne favorisaient pas ouvertement les réfractaires. Se voyant sur le point d'être débordés, les Jacobins, qui étaient les meilleurs soutiens du clergé constitutionnel, demandèrent à l'Assemblée qu'ils venaient d'élire de nouvelles armes contre les prêtres rebelles. Il devenait évident que la Constitution civile avait manqué son but. Au lieu d'étayer l'institution politique nouvelle, elle la minait plutôt et préparait sa ruine. Devant le péril inattendu et devant le remède à trouver, les patriotes se divisèrent. Ceux qui avaient lié partie avec le clergé constitutionnel ne voulurent pas l'abandonner. S'imaginant peut-être que l'agitation religieuse n'était que superficielle et qu'elle disparaîtrait si on intimidait les véritables auteurs des troubles, les prêtres réfractaires, ils proposèrent de prendre contre eux toute une série de mesures de coercition. D'autres patriotes, au contraire, plus clairvoyants ou moins engagés dans la cause du clergé constitutionnel, répugnèrent à recourir à la force et à la violence pour consolider ou imposer la nouvelle église officielle. Respectueux de la liberté des cultes inscrite dans la Déclaration des droits, ils combattirent les mesures d'exception proposées contre les réfractaires. Ils demandèrent que ceux-ci jouissent dans la pratique de leur culte des mêmes droits que ceux-là. Autrement dit, par esprit politique et par scrupule libéral, ils s'acheminèrent vers la conception de l'État laïque, vers cette séparation des Églises et de l'État que les spéculatifs seuls, minorité de penseurs, d'irréguliers sans influence, avaient prônée jusque là.

Le parti des séparationnistes s'enfla subitement, d'autant plus qu'aux « philosophes » purs se joignirent bientôt les partisans masqués des prêtres réfractaires, qui virent dans la séparation le moyen d'écarter de leur église la persécution imminente.

Godefroy. — Avant même que la Législative se réunît, un certain Godefroy, « maître de mathématiques », réclamait la « suppression absolue » de la Constitution civile du clergé dans un écrit d'une logique serrée [1], Toute religion, disait Godefroy en substance, étant essentiellement affaire de conscience, l'État ne doit s'en occuper qu'au point de vue du bon ordre. En matière religieuse tout son droit consiste à faire des règlements de police. Or il y a beaucoup de Français qui ne se servent pas du tout des ministres des cultes et cependant on les oblige à contribuer à leur entretien. Le nombre des Français qui se servent des ministres du culte non officiel est plus considérable encore, et on les oblige à contribuer, eux aussi, aux frais du culte, l'ennemi du leur. « Que l'entretien des fonctionnaires publics, comme des juges civils, pèse sur tous les citoyens, personne n'a le droit de s'en plaindre, car si quelqu'un disait pour s'en défendre qu'il est bien résolu à n'intenter jamais aucun procès à personne, on lui répondrait avec raison qu'il n'est pas assuré que d'autres ne lui en intenteront pas mal à propos... Mais on ne peut pas dire la même chose à ceux qui ne suivent pas la religion dont l'État paye les ministres... » Qu'on n'essaie pas d'ailleurs de sauver la Constitution civile en invoquant l'intérêt de la morale : « Dira-t-on que les ministres constitutionnels sont nécessaires pour former et régler les mœurs des citoyens ? Mais il faudra donc dire aussi qu'il n'y aura de bonnes mœurs que parmi les citoyens enseignés par les ministres constitutionnels, que la morale des ministres des autres cultes ne peut produire que la corruption et conséquemment que la saine philosophie exige l'intolérance ! » Et Godefroy concluait : que ceux qui veulent des prêtres les paient. « C'est ainsi que furent entretenus les prêtres de la première église. Saint-Pierre et Saint-Paul, et leurs premiers successeurs n'étaient pas pensionnés par les souverains ». Ce n'est pas seulement la logique, à l'en croire, les principes qui réclament cette solution, mais la saine politique.

1. *La Nation grevée constitutionnellement pour une Religion*, s. l. n. d., in-8° (Bib. Nat., Lb[39] 4576). Signée à la fin : « M. Godefroy, maître de mathématiques, cul de sac de la Brasserie, rue Traversière, chez le Maréchal, de l'imprimerie de Tremblay, rue Bosse St-Denis, 11 ». La date de la brochure est indiquée par son contenu. L'auteur s'adresse à la Législative comme à une assemblée qui va se réunir.

« Cela détruira une des principales causes de la funeste division qui désole le royaume et *qui met toute la Constitution en péril en cas d'invasion étrangère...* »

Un anonyme. — Godefroy ne croyait peut-être pas si bien prédire. Un anonyme, qui pourrait bien être un député à la Législative, traitait à son tour la question de la séparation avec non moins de bon sens et plus de profondeur [1].

« Le gouvernement civil, posait-il en principe, tel surtout qu'il est constitué en France, ne doit pas plus se mêler de religion que de physique et d'astronomie ». La Constitution civile doit disparaître, une religion dominante supposant nécessairement des religions dominées. « Que le gouvernement fasse constater l'état des citoyens sans l'entremise des prêtres, que les naissances, les mariages, les morts, soient notés par d'autres que par eux!... » La laïcisation complète de l'État n'est pas seulement réclamée par les principes, elle est exigée par la situation politique. « Des deux partis qui appellent aujourd'hui la pensée publique sur cette discussion, l'un [les Constitutionnels] demande qu'on l'aide à dominer et à persécuter; l'autre [les Réfractaires], à qui ce rôle commode a été enlevé, demande au moins qu'on le persécute... » Qu'on n'objecte pas que l'État propagera l'irréligion s'il ne protège pas de culte. L'athéisme n'est pas à craindre, et, d'ailleurs, cette doctrine absurde exclut au moins le fanatisme.

André Chénier. — Ame païenne s'il en fut, André Chénier se rangea des premiers parmi les plus chauds partisans de la séparation et la prôna dans un remarquable article du *Moniteur* [2], tout en protestant contre les rigueurs qu'on destinait aux réfractaires : « ..... Nous ne serons délivrés de l'influence de pareils hommes [les prêtres] que quand l'Assemblée

---

1. Dans une *Opinion sur les cultes religieux et sur leurs rapports avec le Gouvernement*, 1791, de l'imprimerie de Calixte Volland, rue des Noyers, n° 38, in-8°, 16 p. (Bibl. Nat., Ld⁴ 3555).

2. N° du 22 octobre 1791. *Moniteur*, réimp., t. X, p. 166.

nationale aura maintenu à chacun la liberté entière de suivre et d'inventer telle religion qui lui plaira ; quand chacun paiera le culte qu'il voudra suivre et n'en paiera point d'autre, et quand les tribunaux puniront avec rigueur les persécuteurs et les séditieux de tous les partis. Et si des membres de l'Assemblée nationale disent encore que tout le peuple français n'est pas assez mûr pour cette doctrine, il faut leur répondre : cela se peut, mais c'est à vous à nous mûrir par votre conduite, par vos discours et par les lois ». Et pour conclure, il demandait, lui aussi, que les actes de l'état-civil fussent enlevés aux prêtres.

II

Discussion sur les prêtres à la Législative. — Au moment même où André Chénier écrivait cet article, s'ouvrait à la Législative une longue et orageuse discussion sur les prêtres réfractaires. Pendant plus d'un mois, les partisans de la rigueur et les partisans de la liberté, entrechoquèrent leurs arguments dans une mêlée âpre et confuse [1].

Finalement, les Girondins crurent trouver une solution mixte, et le décret du 29 décembre 1791 [2] donna une satisfaction du moins apparente aux deux partis. Pour sauvegarder le principe de la liberté des cultes, tout en autorisant les mesures de coercition, les Girondins avaient eu l'idée d'exiger des prêtres réfractaires, à la place de l'ancien serment de la Constitution civile, le serment civique pur et simple. Si les réfractaires refusaient le nouveau serment, ils seraient frappés non plus comme prêtres, mais comme mauvais citoyens. Rousseau n'avait-il pas démontré dans le *Contrat social* que la Société avait le droit de rejeter ceux de ses membres qui refuseraient de reconnaître ses lois fondamentales ? En refusant de souscrire le pacte social, les réfractaires se mettraient

1. Voir cette discussion dans le *Moniteur*.
2. Non sanctionné par le Roi.

eux-mêmes en dehors du droit commun. Quiconque ne veut pas reconnaître la loi, « abdique volontairement les avantages que cette loi seule peut garantir [1] ».

Par ce biais, les Girondins firent passer les motions des partisans de la manière forte. Les réfractaires qui ne prêteraient pas le serment civique seraient « réputés suspects de révolte contre la loi et de mauvaise intention contre la patrie [2] », et comme tels, on pourrait les priver de leur traitement et pension, leur refuser l'usage des églises [3], les éloigner de leur domicile [4], les interner au chef-lieu du département [5], etc.

A ne considérer les choses qu'en gros, il semblerait que les partisans de la liberté avaient été vaincus, puisqu'en fait la Constitution civile restait loi de l'État et que l'État mettait au service du culte officiel sa police et ses tribunaux. C'était une satisfaction bien dérisoire que celle d'avoir fait inscrire dans le préambule d'un décret persécuteur une déclaration de principe en faveur de la liberté des cultes. Et pourtant, si on y regarde d'un peu plus près, point n'est besoin de relire longtemps les débats pour s'apercevoir qu'en réalité la Constitution civile sortait de la bataille plus que diminuée, frappée à mort.

Partisans et adversaires de la loi s'étaient trouvés presque unanimes à condamner l'œuvre religieuse de la Constituante. On sent chez les uns et les autres le même mépris des prêtres, la même irréligion foncière et s'ils diffèrent, c'est moins sur la question de principe que sur la question d'opportunité. Ceux-ci croient pouvoir revenir en arrière, ceux-là craignent qu'un recul ne soit fatal à la Révolution. Mais les uns et les autres sont intimement convaincus que la Révolution ne s'arrêterait pas à la Constitution civile. Déjà, plusieurs entrevoient le culte civique qui la remplacerait, et il est remarquable que les

1. Préambule de l'arrêté dans Duvergier.
2. Art. 6.
3. Art. 12.
4. Art. 7.
5 Art. 8.

orateurs, qui demandent les mesures les plus rigoureuses contre les réfractaires, sont les premiers à réclamer la laïcisation progressive des services publics, à dénoncer l'ignorance et le fanatisme comme la véritable et l'unique cause des troubles et à proposer comme remède souverain l'organisation d'une instruction publique, et, en attendant, d'une propagande civique qui arrachera le peuple aux prestiges des prêtres, certains disent même de tous les prêtres.

Monneron de Nantes veut qu'on frappe durement les prêtres perturbateurs, qu'on les condamne même à l'exil, « mais, dit-il, il ne suffit pas aux législateurs d'un grand empire d'arrêter le désordre, ils doivent en extirper la racine. C'est l'ignorance des peuples qui sert de fondement aux triomphes de l'imposture sur la vérité, c'est cette ignorance qu'il faut faire disparaître... Hâtez-vous de détruire les prestiges d'une aveugle idolâtrie, établissez promptement ces écoles primaires qu'a proposées M. de Talleyrand dans son sublime mémoire sur l'instruction publique, mais en attendant l'établissement des écoles primaires, je propose de faire le plus promptement possible et d'envoyer dans tous les départements un catéchisme de morale et de politique qui éclaire le peuple sur ses vrais intérêts... [1] ».

Baert, qui lui répondit, trouva, pour combattre les mesures de rigueur, un argument d'une grande force et qui fut applaudi : « Je ne connais pas de milieu : ou il faut laisser la liberté de conscience, ou il faut persécuter ; ou il faut oublier les prêtres et ne les regarder que comme de simples citoyens, ce que seulement ils sont aux yeux de la loi, ou il faut renouveler la motion de dom Gerle, et déclarer bien vite une religion dominante, c'est-à-dire persécutrice. Gardons-nous de la domination des prêtres ; ne retombons point dans l'enfance après être parvenus à la maturité de l'âge et ne prolongeons point leurs scandaleuses querelles en leur donnant une importance qu'elles cesseront d'avoir, dès qu'elles seront

1. *Moniteur*, réimp., t. X, p. 188, Séance du 21 octobre.

couvertes du mépris qu'elles méritent[1] ». Personne sur les bancs des évêques constitutionnels, qui étaient pourtant en nombre dans l'Assemblée, n'osa protester contre ce langage; aucun d'eux n'eut l'idée de relever le défi ou de reprendre à son compte la motion de dom Gerle, sûr de l'accueil qui l'aurait attendu.

Les évêques constitutionnels gardèrent le même silence impuissant et résigné, quand Hilaire, renchérissant sur Baert, proposa de décréter « que toutes charges et emplois civils *seraient* incompatibles avec le sacerdoce, que l'éducation publique ne *serait* confiée qu'à des personnes laïques, sauf l'étude de la théologie qui pourrait être professée par des ecclésiastiques; enfin que les actes de mariage, baptême et mortuaire seraient enregistrés par devers le greffe de la municipalité, en présence d'un officier municipal et deux témoins. » Hilaire avait développé sa proposition en attaquant de front l'institution du clergé : « Nous savons tous par expérience que trop longtemps le clergé, *quel qu'il soit*, non content des fonctions sacerdotales, s'est toujours immiscé dans les fonctions civiles.... » L'influence des prêtres, à l'en croire, « est toujours dangereuse et leur opinion suspecte ». « Accoutumés à se croire au-dessus des hommes, ils veulent les maîtriser, et de cela seul qu'ils se croient plus parfaits, tout autre avis n'est que le diminutif des inspirations qu'ils appellent divines[2] ». L'évêque de Périgueux, Pontard, demanda bien que l'orateur fût rappelé à l'ordre et aux vrais principes de la Constitution, mais l'Assemblée passa à l'ordre du jour.

Les jours suivants, les mêmes opinions antisacerdotales furent apportées à la tribune. Huguet[3] fit cette profession de foi : « Pour un bon gouvernement, la religion n'est

1. *Moniteur*, réimp., t. X, p. 189. Séance du 21 octobre.

2. *Moniteur*, réimp., t. X, p. 189, Séance du 21 octobre.

3. Le *Moniteur* dit Huret. Il y avait deux Huguet, l'un député de la Creuse, l'autre des Ardennes. Voir Kuscinski, *Les députés à l'Assemblée Législative*, 1900, in-8°.

autre chose que l'exercice des vertus sociales ; pour le particulier qui les professe, elle est son opinion, son temple est dans son cœur, son culte est son préjugé, la liberté en est le prêtre [1]. »

Ducos réclama la laïcité complète de l'État : « Séparez de ce qui concerne l'État tout ce qui concerne la religion ; assimilez la manifestation des opinions religieuses à la manifestation de toutes les autres ; assimilez les assemblées religieuses à toutes les autres réunions de citoyens ; que toutes les sectes aient la liberté de choisir un évêque ou un iman, un ministre ou un rabbin, comme les sociétés populaires, par exemple, ont la liberté d'élire dans leur sein un président et des secrétaires ; que la loi s'adresse toujours au citoyen et jamais au sectateur d'une religion quelconque ; enfin, que l'existence civile et politique soit absolument indépendante de l'existence religieuse [2]. »

Lequinio soutint que tous les cultes, au fond, se valaient et sembla les renvoyer dos à dos. Il rappela que, « dans toutes les religions, la multitude a toujours été victime de son ignorance et que des flots de sang ont coulé, que des millions d'hommes se sont déchirés parce qu'ils ne s'entendaient pas [3] ». Son discours parut si hardi que des murmures l'interrompirent. Sans doute, les députés ne voulaient pas encore avoir l'air devant le pays d'approuver la campagne antireligieuse. Mais, en dépit de leurs réserves calculées, ils laissaient percer de plus en plus leurs véritables opinions.

Deux jours après, dans un vigoureux discours, Ramond fit le procès à la Constitution civile, « au nom de la philosophie ».

A la logique des orateurs « philosophes », les évêques et prêtres députés n'avaient rien à répondre. Audrein, l'un d'eux, se bornait à demander à l'Assemblée d'écarter

---

1. *Moniteur*, réimp., t. X, p. 199, Séance du 24 octobre.
2. *Moniteur*, réimp., t. X, p. 216, Séance du 26 octobre.
3. *Moniteur*, réimp., t. X, p. 227, Séance du 27 octobre.

la religion de ses débats et de « reconnaître les services rendus à la Révolution par les prêtres assermentés »[1]. Prenant texte de l'annonce de la démission récente du métropolitain de Rouen, il fit craindre aux patriotes d'autres démissions de prêtres assermentés. Si le mouvement se généralisait, que deviendrait la Révolution ? En un mot, il eut l'air de plaider pour la Constitution civile les circonstances atténuantes. Il invoqua en sa faveur des raisons politiques, il ne prit pas corps à corps l'argumentation de ses adversaires.

Le fougueux Fauchet, qui parut plusieurs fois à la tribune, ne fit pas autre chose. Il prononça une véhémente philippique contre les réfractaires, qui « voudraient nager dans le sang des patriotes[2] », qui « travaillent à renverser l'édifice des lois », et il réclama la suppression de leurs pensions. Mais il n'essaya pas de répondre aux partisans de la laïcité de l'Etat.

Les autres évêques constitutionnels qui prirent la parole, Torné, Bertrand, etc., tout en désavouant la plupart le langage intolérant de leur collègue Fauchet, imitèrent son silence sur la question brûlante. Avec Audrein, ils estimaient, sans doute, que la Religion n'aurait rien eu à gagner à cette controverse. Sans provoquer leur riposte, Gensonné put, à son tour, dénoncer la Constitution civile, cette erreur politique qui troublait le royaume et mettait la Révolution en danger. « Séparons, disait-il, de la religion tout ce qui tient à l'ordre civil, et lorsque les ministres du culte, que la nation salarie, seront réduits à des fonctions purement religieuses, lorsqu'ils ne seront plus chargés des registres publics, de l'enseignement et des hôpitaux, lorsqu'ils ne seront plus dépositaires des secours que la nation destine à l'humanité souffrante, lorsque vous aurez détruit ces corporations religieuses de prêtres séculiers, absolument inutiles,

---

1. *Moniteur*, réimp., t. X, p. 284, Séance du 3 novembre.
2. *Moniteur*, réimp., t. X, p. 218, Séance du 26 octobre.

et cette nuée de sœurs grises, qui s'occupent moins de soulager les malades que de répandre le poison du fanatisme, alors, les prêtres n'étant plus fonctionnaires publics, vous pourrez adoucir la rigueur des lois relatives au serment ecclésiastique... [1] » Ce n'étaient pas là des conceptions à longue échéance, des menaces vaines, — Gensonné proposait par décret de charger le Comité de législation de présenter le plus tôt possible un projet de loi sur « les moyens de constater civilement les naissances, décès et mariages », et un autre projet de loi sur la suppression des dernières corporations religieuses. Il demandait enfin la nomination d'une commission de douze membres, pour s'occuper « de l'examen et de la révision des lois faites par le corps constituant sur l'organisation civile du clergé... »

L'Assemblée entra dans les vues de Gensonné ; elle ordonna l'impression de son projet de décret, et chargea son Comité de législation de lui présenter un rapport sous huitaine.

Le Comité s'exécuta le 14 novembre. Le projet de décret qu'il présenta fit leur part aux réclamations des partisans de la laïcité, dans son article III, ainsi conçu : « Il sera incessamment fait une loi pour régler la manière de constater les actes de naissance, mariage et sépulture ». Le projet, cependant, fut mal accueilli, parce qu'il ne proposait que des mesures anodines contre les réfractaires. Isnard,dans un de ses beaux mouvements oratoires, proposa des mesures nouvelles. Son discours improvisé est peut-être le plus important de cette discussion, non seulement parce qu'il laisse percer à plusieurs moments l'arrière-pensée des philosophes, mais encore parce qu'il eut sur les événements une influence décisive.

Le discours d'Isnard du 14 novembre. — Pour justifier les mesures d'exception qu'il jugeait indispensables contre les réfractaires, Isnard posa la question sur un terrain nouveau. Jusque-là, le débat avait porté tout entier sur ce dilemme

1. *Moniteur*, réimp., t. X, p. 287, Séance du 3 novembre.

invoqué par les partisans de la liberté : « ou le prêtre n'est que fanatique ou il est perturbateur ; s'il n'est que fanatique, la loi ne doit pas l'atteindre, parce que la liberté des cultes est permise: s'il est perturbateur, il existe contre lui des lois communes à tous les citoyens. »

Pour réfuter le dilemme, Isnard soutint que, par le caractère même dont il était revêtu, le prêtre était déjà en dehors du droit commun et que, par suite, il ne pouvait pas être soumis aux lois communes. Il dénonça l'influence du prêtre sur la société : « Le prêtre, dit Montesquieu, prend l'homme au berceau et l'accompagne jusqu'au tombeau; donc il n'est pas surprenant qu'il ait de si grands moyens de puissance. » Contre les mauvais prêtres, il n'y avait qu'un parti à prendre : l'exclusion du royaume; et, aux applaudissements des tribunes et d'une partie de l'Assemblée, Isnard s'écria : « Je dirai qu'il faut renvoyer ces pestiférés dans les lazarets de Rome et de l'Italie. » A aucun prix, il ne fallait leur permettre de continuer à prêcher, à *messer*, à confesser. Comme grisé par les applaudissements, Isnard continua en exhalant son mépris non seulement pour les mauvais prêtres, mais pour le prêtre : « Le prêtre n'est pas pervers à demi ; lorsqu'il cesse d'être vertueux, il devient le plus criminel des hommes ». Les applaudissements redoublèrent. Que l'Assemblée ne se laisse pas arrêter par de vains scrupules, qu'on ne parle pas ici du respect des consciences. Les réfractaires « ne pleurent sur le sort de la religion que pour recouvrer leurs privilèges ». Et, de nouveau, Isnard se reprenait à dire son mépris du prêtre, en termes de plus en plus véhéments, et les applaudissements recommençaient: « Chacun sait qu'en général le prêtre est aussi lâche que vindicatif, qu'il ne connait d'autre arme que celle de la superstition, et qu'accoutumé à combattre dans l'arène mystérieuse de la confession, il est nul dans le champ de bataille. Les foudres de Rome s'éteindront sous le bouclier de la liberté.... mais passons là-dessus...» Sans s'expliquer clairement, Isnard laissa entrevoir que la Constitution civile ne serait pas le dernier mot de la Révolution. La Révolution, à l'en croire, n'était pas terminée. « Non, il faut un dénouement à la Révolution française, je dis que, sans le provoquer, il faut marcher vers lui avec courage ; plus vous tarderez, plus votre triomphe sera pénible et arrosé de sang... » Quel était ce dénouement ?

Isnard ne s'expliquait pas. Mais les catholiques crurent comprendre. Le *Moniteur* note qu'il s'éleva des murmures dans une partie de l'Assemblée. Isnard fit face aux interruptions et aux murmures, et sa parole ardente continua à prêcher l'action, l'énergie aux patriotes endormis. Il faut écraser les réfractaires, il faut employer les grands moyens. « Il faut couper la partie gangrénée pour sauver le reste du corps ». Sinon, « le parti des prêtres sermentés, qui comprend celui de tous les patriotes, c'est-à-dire des cinq-sixièmes de la nation, sera indigné de se voir abandonné. Lassés de combattre vos ennemis, ils deviendront peut-être les vôtres..... », et, comme s'il prévoyait dans un avenir prochain que cette éventualité se réaliserait, que les prêtres jureurs abandonneraient la Révolution et se retourneraient contre elle, Isnard s'écriait : « Il faut que le Corps Législatif soit étayé du reste de la nation, si vous voulez résister aux attaques qui peut-être se préparent, et vous ne pouvez vous attacher la confiance qu'en châtiant avec sévérité les perturbateurs du repos public et tous les factieux. Je dis *tous les factieux*, parce que je suis déterminé à les combattre tous, parce que je ne suis d'aucun parti ; *mon Dieu, c'est la loi* ; *je n'en ai point d'autre*. Le bien public, voilà ce qui m'embrase [1] ».

Cette violente diatribe contre les prêtres, cet appel à la force, ces menaces voilées contre le clergé constitutionnel, qu'Isnard ne défend si chaudement que pour des raisons politiques, et dont il n'est pas loin de suspecter déjà le patriotisme

1. *Moniteur*, réimp., t. X, p. 374-375.

et, pour terminer, cette profession de foi d'athéisme [1], tout cela indique qu'à cette date la rupture entre la Révolution et la Religion ancienne, même épurée, était déjà consommée dans l'esprit de beaucoup de chefs patriotes. Ils n'osent pas encore dire tout haut leur pensée. Ils l'enveloppent de nuages; mais il est évident que leur prudence toute de circonstance ne durera qu'un moment et que l'heure des résolutions franches et décisives sonnera bientôt.

Les évêques constitutionnels qui, jusque-là, n'avaient pas relevé les attaques indirectes dont la religion avait été l'objet, parurent s'émouvoir cette fois. Les applaudissements chaleureux qui avaient accueilli le discours d'Isnard, la demande d'impression que formulèrent un grand nombre de membres, leur montraient assez que la situation était grave. Au milieu de « grands murmures », Le Coz demanda la parole « comme citoyen et comme prêtre ». « Point de prêtres! » s'écrièrent plusieurs voix. « Je dis, continua Le Coz, que demander l'impression du discours de M. Isnard, c'est demander l'impression d'un code de l'athéisme ». Les murmures redoublèrent. Pendant plusieurs minutes, Le Coz dut s'interrompre tant l'agitation était vive. L'énergie du Président lui permit de continuer. « .... Je soutiens et je prouverai que le discours de M. Isnard tend à détruire toute morale religieuse et sociale. Il est impossible qu'une société existe si elle n'a pas une morale immuable et éternelle.... » A ces mots, ce fut une tempête; les rires, les clameurs redoublèrent; on demanda que Le Coz fût rappelé à l'ordre. Désespérant de se faire entendre, il descendit enfin de la tribune.

Sans doute, l'Assemblée se ressaisit et rejeta, après deux épreuves douteuses, l'impression du discours d'Isnard. Mais le coup était porté. Par son attitude précédente, l'Assemblée avait montré qu'elle partageait en majorité les opinions de l'orateur. Elle le montrait mieux encore en invitant son

1. Sans doute, Isnard protesta dans le *Moniteur* qu'il n'était pas athée, mais on sent que cette protestation après coup lui fut dictée par la politique. *Moniteur*, réimp., t. X, p. 415.

Comité de législation à lui présenter un nouveau projet de décret qui ne pourrait que s'en inspirer.

On comprend que de telles séances fussent bien faites pour encourager la campagne anticléricale commencée par une poignée de journalistes.

Le projet de François de Neufchâteau. — Le 16 novembre, François de Neufchâteau, rapporteur d'une des sections du Comité de législation, vint lire un projet de décret qui donnait entière satisfaction à Isnard et à ses amis. Les prêtres réfractaires qui ne prêteraient pas le serment civique verraient leur traitement supprimé, ils seraient mis en surveillance, ils pourraient être éloignés de leur domicile par un arrêté du directoire du département, etc. Chose plus significative, l'article XV du projet ordonnait la révision de la Constitution civile du clergé :

« Les décrets de l'Assemblée constituante des 12, 24 juillet et 27 novembre 1790, continueront d'être suivis et exécutés, mais avec les modifications que l'achèvement de la Constitution rend aujourd'hui nécessaires.

« 1° La formule du serment civique portée en l'art. V du titre II de l'acte constitutionnel sera substituée au serment provisoire prescrit par les décrets. — 2° Le titre de *Constitution civile du clergé*, n'exprimant pas la véritable nature de ces lois et rappelant une corporation qui n'existe plus [1], sera supprimé et remplacé par celui de *Loi concernant les rapports civils et les règles extérieures du culte catholique en France.* — 3° Les évêques, curés et vicaires ne seront plus désignés sous le titre de *fonctionnaires publics*, mais sous celui de *ministres du culte catholique salariés par la nation.* »

Il était à prévoir que la révision de la Constitution civile ne se bornerait pas à ces changements dans les mots. La voie était ouverte à d'autres réformes plus profondes,

1. Le *Moniteur* note qu'au moment où il donna lecture de cet article, des applaudissements éclatèrent. *Moniteur*, réimp., t. X, p. 388.

d'autant plus que l'article XVI et dernier organisait une propagande civique pour contrebalancer la propagande des réfractaires : « Comme il importe d'éclairer le peuple des campagnes sur les pièges qu'on lui tend..... l'Assemblée regardera comme un bienfait public les bons ouvrages qui lui seront adressés sur cette matière, et, d'après le rapport qui lui en sera fait, elle les fera imprimer et distribuer aux frais de l'Etat, et récompensera leurs auteurs ».

Ainsi l'Etat entreprendrait l'instruction du peuple, mais où s'arrêterait cette instruction ? La propagande civique serait forcément l'œuvre des écrivains « philosophes ». Se montreraient-ils longtemps respectueux du culte officiel ? Leurs attaques contre le culte papiste n'atteindraient-elles pas par ricochet la Religion elle-même ?

De toute manière, les deux derniers articles du projet de François (de Neufchâteau) étaient gros de conséquences.

Ces conséquences, l'Assemblée ne les soupçonna pas tout d'abord. Elle salua François (de Neufchâteau) d'applaudissements unanimes et réitérés, et, sur la proposition de Vergniaud, elle accorda la priorité à sa motion, dont elle adopta, séance tenante, plusieurs dispositions.

Mais, le lendemain, une vive opposition, qui ressembla à certains moments à de l'obstruction, faillit faire repousser le décret. On vit, spectacle à méditer, un évêque constitutionnel, Torné, prendre la défense indirecte des réfractaires et s'opposer vivement à la suppression de leurs traitements et pensions. Peut-être que les discours philosophiques des jours précédents lui avaient fait soupçonner confusément que la cause des prêtres constitutionnels était au fond solidaire de celle des réfractaires, et que les rigueurs contre les uns seraient le prélude des rigueurs contre les autres?

Inversement, les philosophes trouvèrent que le projet de François (de Neufchâteau) était encore trop doux. Isnard, soutenu par Duhem et Albitte, reprit sa proposition de déporter les réfractaires hors du royaume. Mais l'Assemblée refusa d'aller jusque-là.

Quand arriva en discussion l'article concernant la révision de la Constitution civile, des hésitations se manifestèrent parmi les philosophes. L'un d'eux, Albitte, pour des raisons d'opportunité, se prononça pour le maintien pur et simple de la Constitution civile : « Je crois qu'il ne faut pas mettre les prêtres constitutionnels en butte à leurs ennemis...... J'aime la philosophie; mais je crois qu'il n'en faut faire qu'un usage prudent et approprié aux circonstances[1]... »

L'évêque Lamourette, qui lui succéda à la tribune, plaida avec chaleur la cause de l'Église constitutionnelle. Priver les prêtres patriotes de leur caractère officiel, ce serait mécontenter la « multitude immense » des citoyens qui suivent leur culte et compromettre la Révolution. Le clergé réfractaire seul profitera de l'abaissement du clergé assermenté, et Lamourette montrait avec beaucoup de finesse et de force les inconvénients politiques de la séparation : « Ne croyez-vous pas que de cet acte solennel de séparation du ministère de la loi et du ministère du sacerdoce, vous donnez aux prêtres une tendance à se réunir en corporation et à chercher dans leur coalition un supplément du caractère que vous leur ôtez ? » Autrement dit, la séparation ne ferait que fortifier le clergé. Les philosophes de l'Assemblée devraient en prendre leur parti, eux qui ne visaient au fond qu'à détruire la Religion elle-même, sous prétexte de liberté ; et Lamourette, passant à l'offensive, dénonçait les arrière-pensées des auteurs du projet: « Je pourrais dire que la proposition qui vous est faite tient à un profond système dont on attend un effet à une époque plus éloignée. Je ne sais s'il est possible dans un grand empire, et si le peuple est assez mûr pour le système que l'on regarde comme la perfection de la Révolution française, mais c'est une erreur que de croire à la destructibilité d'un système religieux qui comprend dans son sein toutes les bases de l'organisation

1. *Moniteur*, réimp., t. X, p. 434, Séance du 21 novembre.

sociale..... ». Que les philosophes prennent garde. S'ils placent le peuple entre la Religion et la Constitution, son choix n'est pas douteux ! Mais la Constitution elle-même n'est-elle pas sortie directement « de ce grand et immortel ouvrage qu'on appelle l'Evangile ? » Les prêtres constitutionnels ont toujours enseigné au peuple l'amour de la Constitution : « Si vous leur ôtez le titre qu'ils ont si bien mérité, si vous leur ôtez cette arme bien plus puissante que les baïonnettes, vous compromettez la tranquillité publique, *vous licenciez tout à coup la plus grande force qui a garanti la Révolution*[1] ».

Le discours de Lamourette fit une grande impression. Faisant trêve à leurs secrets désirs, bon nombre de philosophes se rallièrent à la proposition d'Albitte et ajournèrent pour d'autres temps la révision et la suppression du culte officiel. En vain, Gohier essaya de répondre à Lamourette : « Je réponds que si quelque chose est dangereux, c'est de faire des lois qui présentent au peuple des idées vagues et des principes arbitraires. Je réponds que corriger une épreuve, ce n'est pas rétrograder, mais avancer à grands pas dans la carrière de la Législation. Il n'y a plus de corporation du clergé, il n'y a donc plus de Constitution civile du clergé ; il ne doit donc plus y avoir de serment particulier pour les prêtres... » Gohier fut applaudi, l'Assemblée ordonna l'impression de son discours, comme elle avait ordonné l'impression du discours de Lamourette. Mais Cambon, d'un mot bref, trancha le débat : « Vous allez mettre le feu dans le royaume. La Constitution est perdue, tout est annulé ! » Un grand tumulte s'éleva. Merlin et Vergniaud approuvèrent l'observation de Cambon : « Vous perdez les prêtres assermentés, sans espoir de regagner les autres », dit le premier, et le second ajouta : « Il n'est pas question de raisonner sur les principes et je ne crois pas qu'il s'élève dans la raison d'aucun de nous aucun

1. *Moniteur*, réimp., t. X, p. 435, Séance du 21 novembre.

nuage à leur égard. Mais il s'élève une grande question de fait, c'est de savoir si l'application actuelle du principe ne serait pas une occasion donnée au fanatisme de secouer ses torches[1]... » La Législative se rangea à cet avis et la réforme de la Constitution civile du clergé fut « indéfiniment » ajournée.

Les jours suivants, les philosophes lancèrent encore quelques attaques à la Constitution civile et même à la Religion. Le 24 novembre, Guadet, répliquant à Lamourette, s'écriait : « Ce n'est pas aux yeux de la théologie qu'il faut examiner cette question [de savoir si le culte des assermentés est le même que celui des réfractaires], c'est aux yeux de la philosophie et de la raison, car *la théologie passera et la raison est éternelle*[2]. » La phrase était applaudie à plusieurs reprises. Mais comprenant enfin le danger de cette discussion qui durait depuis trop longtemps, l'Assemblée clôtura brusquement le débat, le 29 novembre 1791.

III

Les résultats. La propagande civique. — Ce grand débat n'en eut pas moins une portée considérable. D'abord il était apparu très clairement que la Constitution civile du clergé n'était plus maintenue que provisoirement, faute de mieux, par simple nécessité politique. La question de la laïcité de l'État avait été posée devant le pays, et si la Législative ne l'avait pas résolue de suite, ce n'était pas qu'elle fût hostile au principe, mais qu'elle tenait seulement son application pour prématurée.

L'œuvre religieuse de la Constituante était donc condamnée. Mais avant de la détruire, la Législative pensait à la remplacer. Puisque le clergé constitutionnel s'était

1. *Moniteur*, réimp., t. X, p. 436.
2. *Moniteur*, réimp., t. X, p. 471. Séance du 24 novembre.

montré impuissant par ses seules forces à faire aimer la Révolution, puisqu'il n'avait pas suffi à sa tâche, on organiserait parallèlement à sa prédication une propagande civique dont le Comité d'instruction publique de l'Assemblée aurait la direction, et dont les clubs fourniraient les agents. Cette propagande civique affecta les formes les plus diverses. Elle se fit par le livre, par les conférences, par le théâtre. Elle se fit aussi par les fêtes civiques, et par là elle rejoignit les systèmes de fêtes nationales déjà élaborés par Mirabeau et Talleyrand. Le jour devait venir où les révolutionnaires philosophes croiraient, à l'aide de cette propagande civique, pouvoir se passer du clergé constitutionnel, et, ce jour-là, la religion révolutionnaire se détacha du catholicisme, la propagande civique devint le culte de la Raison.

Les brochures patriotiques. — La Législative avait exhorté « tous les bons esprits à renouveler leurs efforts et à multiplier leurs instructions contre le fanatisme ». Elle avait promis de récompenser les auteurs de « bons ouvrages à la portée des citoyens des campagnes[1] ». Les écrivains patriotes répondirent en foule à l'appel qui leur était adressé.

A la fin de 1791 et au commencement de 1792, les écrits philosophiques, les catéchismes patriotiques se succèdent sans interruption : l'*Antifanatisme ou Étrennes aux bonnes gens* de Marius Duval, le *Dialogue entre un curé de campagne et un vigneron sur la Constitution*, par Deverac, le *Catéchisme des Droits de l'Homme*, par Duverneuil, le *Gardien de la liberté française*, par Fleury, le *Catéchisme du genre humain*, par Boissel, et surtout le plus populaire et le modèle du genre, l'*Almanach du père Gérard*, de Collot d'Herbois, et bien d'autres encore[2]...

---

1. Décret du 23 novembre 1791, art. 17.

1. La plupart de ces brochures furent envoyées au Comité d'instruction publique. On en trouvera l'indication dans le recueil de M. J. Guillaume.

Les conférences populaires. — Toutes ces brochures étaient répandues par les soins des Jacobins et de leurs sociétés affiliées. Le 27 février 1792, au moment où la guerre étrangère paraissait imminente, la société-mère invita les sociétés affiliées à organiser partout, surtout dans les campagnes, des conférences populaires pour répandre les bons principes et faire l'éducation politique du peuple. « Comment s'est établie la religion chrétienne ? lisait-on dans la circulaire. Par les missions des apôtres de l'Evangile. Comment pouvons-nous établir solidement la Constitution ? Par les apôtres de la liberté et de l'égalité... » Tous les dimanches, les missionnaires civiques se rendraient dans les villages, distribueraient la Déclaration des Droits, la Constitution, l'*Almanach du père Gérard*, la *Lettre* de Creuzé-Latouche [1], et accompagneraient la distribution d'un prône approprié.

Les Jacobins se promettaient, avec raison, le meilleur effet de ces conférences : « Ces missionnaires envoyés par vous, frères et amis, contracteraient l'alliance la plus auguste et la plus formidable qui ait jamais existé : l'alliance de tout le peuple français. Ils seraient les précurseurs des maîtres qu'enverra un jour l'Assemblée nationale pour la nouvelle éducation publique... Cette première instruction serait, dans la crise qui se prépare, un remède efficace à nos maux ; elle suppléerait à l'institution que l'Assemblée nationale n'a pas encore eu le temps d'établir, institution sans laquelle il n'y a point de bonnes mœurs, d'amour de la patrie, de respect pour les lois et, par conséquent, ni Constitution, ni liberté... »

Beaucoup de sociétés et de simples particuliers n'avaient pas attendu, pour agir, l'invitation venue de Paris. Dès la fin de 1791, à Strasbourg, l'ancien libraire Salzmann, aidé d'un curé patriote, commentait, tous les dimanches, les événements politiques de la semaine. Ces jours-là, trois à quatre mille

---

1. *Lettre de J. A. Creuzé-Latouche, député de Châtellerault, à l'Assemblée Nationale, aux municipalités et aux habitants des campagnes du département de la Vienne.* Imp. du Cercle social, 3e édition, 1791, in-8°. (Bibl. Nat., Ld4 3484).

personnes de toutes les classes de la société, « soldats, domestiques, ouvriers, femmes, etc., » remplissaient l'immense salle de la maison commune, où Salzmann tenait son prêche patriotique. « La foule était si grande, dit le voyageur allemand Reichardt, que nous avions peine à avancer, et le bruit assourdissant. Aussitôt que Salzmann eût gagné une petite estrade adossée à une colonne et que, d'un signe de main, il eût réclamé le silence, tout bruit cessa; on aurait entendu voler une mouche! Sur les physionomies, on lisait un vif désir d'être renseigné au sujet des bruits inquiétants mis en circulation par les journaux ou par la rumeur publique. L'allocution de Salzmann, pratique et tout à fait appropriée, fut accueillie par des témoignages de sympathie qui m'ont fait plaisir[1].... »

Vers le même temps, La Révellière-Lépaux et ses amis du club d'Angers organisaient une série de missions patriotiques dans les Mauges et en Vendée. « L'objet de ces missions était de détruire les calomnies qu'on répandait contre les patriotes, les fausses idées que l'on donnait, aux habitants des campagnes, de la Révolution et des principes d'après lesquels elle s'était opérée; de leur faire sentir les avantages qui en devaient résulter, surtout pour eux.... » A Chemillé, la mission patriotique dirigée par La Révellière, promena par la ville le drapeau tricolore en grand cortège. « Un vieillard à cheveux blancs portait le drapeau, escorté de jeunes filles qui tenaient en leurs mains des rubans aux trois couleurs[2]. »

Lanthenas et les sociétés populaires. — Dès les premiers mois de 1792, le girondin Lanthenas, ami de Guadet et de Roland, projetait de faire des conférences civiques une institution permanente et quasi-officielle, une sorte d'école de dressage des citoyens aux vertus constitution-

---

1. J. F. Reichardt, *Lettres intimes*, traduites par A. Laquiante, 1892, in-8°. — Lettre du 30 janvier 1792.

2. La Révellière, *Mémoires*, t. Ier, p. 93 et suiv.

nelles et sociales [1]. « Puisqu'il est reconnu, disait-il, *qu'on ne peut compter sur les prêtres d'aucune secte* pour l'instruction la plus essentielle dont les peuples aient besoin, il faut que la morale, la première des sciences, la politique, qui n'est qu'une branche de la morale, et notre Constitution, fondée sur les véritables principes de celle-ci, aient un enseignement convenable à leur importance et aux circonstances où nous nous trouvons ».

Et Lanthenas traçait hardiment le plan d'une sorte de culte civique, de *culte de la Raison et de la Loi* [2], comme il l'appelait, qui aurait peu à peu remplacé, et provisoirement tenu en respect tous les autres. Dans chaque canton, la Législative instituerait par décret *une société populaire*, dont tous les citoyens sans distinction seraient libres de faire partie, mais où les fonctionnaires publics, les juges de paix entre autres, joueraient obligatoirement un rôle actif. A la voix des « missionnaires patriotes », les gens de bien feraient partout « renaître les magnifiques amphithéâtres des peuples libres de l'antiquité ». On donnera des fêtes, des conférences, qui imprimeront au peuple le sentiment de sa majesté, et qui le conduiront peu à peu à la Fraternité universelle. En attendant, « dans chaque lieu d'assemblée primaire », la société populaire du canton expliquera la loi, donnera lecture des meilleurs journaux, enseignera la morale et la politique. Les diverses sociétés populaires se fédéreront par districts, par départements, dans la France entière. Elles formeront comme une « église universelle » qui opérera enfin la *régénération*.

De plus en plus, surtout après la déclaration de guerre à l'Autriche, l'idée s'imposait que la Révolution ne serait sauvée que par l'organisation d'une vaste propagande civique. Le

1. *Des sociétés populaires considérées comme une branche essentielle de l'instruction publique*, par F. Lanthenas. Imp. du Cercle social, 1792 in-8°. Daté à la fin du 28 février 1792. L'étude de Lanthenas avait d'abord paru dans la *Chronique du Mois*.

2. Souligné dans le texte.

10 mai 1792, une députation du faubourg Saint-Antoine venait demander aux Jacobins l'institution de conférences patriotiques dans les églises après le service divin[1].

Le ministre Roland exhortait les sociétés patriotiques à ne pas ralentir leur zèle pour l'instruction du peuple[2]. Il leur parlait déjà le même langage que leur tiendra plus tard le Comité de salut public. Les clubs n'étaient pas seuls à répondre à l'appel du ministre. Beaucoup de municipalités prêchaient la vérité au peuple tous les dimanches, et nommaient des *lecteurs* pour propager les bons principes[3].

Les propagateurs de la raison. — Créées d'abord pour défendre la Constitution civile du clergé, ces conférences populaires ne tardèrent pas à sortir de leur cadre primitif. Après s'être attaqués d'abord aux seuls réfractaires, leurs orateurs ou lecteurs s'en prirent peu à peu à tous les prêtres sans distinction.

Dans un discours sur les sociétés populaires[4], prononcé dans une mission patriotique, le 10 juin 1792, le collabo-

---

1. Aulard, *Société des Jacobins*, t. III, p. 577.

2. Voir son adresse au *Moniteur* du 22 mai 1792, supplém., réimp. t. XII, p. 449. « Faites par vos exemples et vos discours que les grains circulent librement, que les impositions s'acquittent, que le fanatisme soit désarmé. Que des lectures souvent répétées, que des conférences explicatives dans des assemblées où vous réunirez le plus grand nombre de personnes de tout âge et de tout sexe, rendent familiers à tous nos frères et ces instructions immortelles si souvent adressées au peuple français, et les bons ouvrages où respirent les sentiments de justice et de bienfaisance qui honorent l'humanité... »

3. Par exemple celle de Fécamp : « A Fécamp, ce 4 octobre 1792, l'an Ier de la République... Au citoyen Roland, ministre de l'Intérieur. Citoyen, Le peuple assemblé a nommé un *lecteur* dans chacune de nos sections, pour, *aux termes de votre lettre*, propager les systèmes de la Révolution. Ce sont les citoyens Rousselet, notable pour la section de la Trinité, et Le Borgne, juge du tribunal de commerce pour la section de Saint-Étienne. Nous vous engageons à correspondre directement avec eux. En conseil municipal permanent. » Suivent les signatures des municipaux. (Arch. Nat., F[1]CIII, Seine-Inférieure, 15).

4. *Discours sur les sociétés populaires, prononcé dans une mission patriotique, le 10 juin, l'an 4 de la liberté, par Étienne-Marie Siauve*, Lyon, Imp. J. Ant. Revol, 1792, in-8° (Bib. Nat., Lb[39] 10616).

rateur de la *Feuille Villageoise*, Etienne-Marie Siauve, remarquait déjà que tous les prêtres constitutionnels n'étaient pas, hélas ! des lévites-citoyens, et qu'il y en avait beaucoup parmi eux qui ne voulaient être que prêtres et qui dédaignaient la qualité de citoyens.

Les prêtres-jureurs étaient devenus suspects ; il était inévitable que les orateurs populaires, les « propagateurs de la raison », comme Siauve les appelle déjà, songeassent à les remplacer dans ce rôle de prédicateurs civiques, d'officiers de morale, que la Constitution civile leur avait assigné. Il était inévitable aussi que les conférences populaires se transformassent peu à peu en cérémonies religieuses ; il suffisait pour cela de les mélanger aux fêtes civiques. Cette réunion, ce mélange des fêtes civiques et des conférences populaires constituera, à proprement parler, le culte révolutionnaire, qui s'adressera aux sens autant qu'à l'intelligence.

IV

Divisions parmi les Jacobins. P. Manuel et Robespierre. — Tous les Jacobins, cependant, n'assistèrent pas avec une joie sans mélange au développement de cette propagande patriotique qui remplit la fin de l'année 1791 et le commencement de l'année suivante. Les opportunistes, les prudents, tous ceux qui jugeaient impolitique et prématurée une rupture avec le clergé constitutionnel, ne tardèrent pas à s'alarmer du progrès du parti anticlérical, dont les chefs redoublaient de hardiesse et perdaient toute mesure. Le club parisien se trouva partagé, travaillé, entre deux tendances, dont l'une, la modérée, était surtout représentée par Robespierre, et l'autre, l'intransigeante, par P. Manuel, l'ancien rédacteur de la *Feuille Villageoise*, élevé depuis peu au poste important de procureur de la Commune de Paris[1].

1. Le 2 décembre 1791, d'après S. Lacroix, *Actes de la Commune de Paris*. Pétion avait été nommé maire, peu de temps auparavant le 16 novembre ; Danton enfin fut élu substitut du procureur de la Commune le 7 décembre.

Au moment même où la Législative votait le décret contre les réfractaires, P. Manuel demandait aux Jacobins d'organiser une prédication anticléricale : « Pour commencer l'empire de la Raison, je demande que la Société-mère [des Jacobins], appuyant ses préceptes de ses exemples, nomme dans son sein, tous les trois mois, de ces patriotes éclairés qui, dans les sections, deux fois par semaine, feront à des enfants de tous les cultes, présentés par leurs parents et inscrits sur un registre civique, le catéchisme de la liberté. Ces officiers de morale qui, sans mystères comme sans dogmes, prouveraient que des vertus sont utiles au bonheur commun, et que la première de toutes, puisque sans elle on ne peut en avoir d'autres, est l'amour de la patrie, avanceront plus la *régénération des mœurs* que des prédicateurs de carême qui, *pour vouloir faire des saints*, ne font pas *même des hommes*[1] ».

Quelques jours après, le 29 novembre 1791, Palissot donnait lecture au club des passages les plus significatifs d'un pamphlet anticlérical, qu'il venait de composer.[2]. S'adressant à la Législative, il l'invitait « à opposer aux catéchismes d'erreur des prêtres, des catéchismes d'une morale saine et épurée, à leurs fêtes superstitieuses des fêtes civiques... »

L'Église romaine, continuait-il, est incompatible avec un État fondé sur la liberté et l'égalité. Ses dogmes sont intolérants et immoraux. Ses prêtres, placés hors de la nature par l'obligation du célibat, doivent être surveillés, d'autant plus que leur puissance, reposant sur la confession, est plus redoutable. La Législative devrait supprimer la confession, « cette institution monstrueuse, qui blesse la morale et la pudeur, et qui fait les Jacques Clément et les Ravaillac... »

---

1. La *Chronique de Paris* du 1er novembre 1791, dans Robinet, *op. cit.*, t. II, p. 295.

2. *Questions importantes sur quelques opinions religieuses présentées par Charles Palissot à l'Assemblée Nationale*, 1791, in-8° (Bib. Nat., Ld⁴ 3768), daté à la dernière page : Paris, ce 1er décembre. Le pamphlet fut réédité en l'an IV et dédié aux Théophilanthropes.

Palissot ne put achever sa lecture. Le « législateur incorruptible » lui coupa la parole : « Nous ne devons pas, s'écria Robespierre, aux applaudissements de la majorité du club, sortir de la ligne de démarcation que nous a prescrite l'Assemblée constituante. Je crois donc que la société ne peut entendre cet ouvrage sans danger. Il ne faut pas *heurter de front* les préjugés religieux que le peuple adore. Il faut que le temps mûrisse le peuple et le mette insensiblement au-dessus des préjugés. Je demande que la société passe à l'ordre du jour et qu'elle s'occupe des objets que les circonstances rendent plus pressants.... ». En vain, P. Manuel prit la défense de Palissot, demanda qu'il fût entendu jusqu'au bout, car le temps était arrivé où on pouvait parler des prêtres et des rois. La majorité se prononça pour Robespierre et passa à l'ordre du jour, en témoignant toutefois à Palissot sa reconnaissance pour les réflexions philosophiques qu'il lui avait communiquées [1].

Cette première escarmouche fut suivie d'autres rencontres. Durant toute l'année 1792, la tribune des Jacobins fut le champ clos des philosophes intransigeants et des philosophes opportunistes.

Le 3 février, Manuel annonça au club la mort de Cérutti, le fondateur de la *Feuille Villageoise*, qui avait donné l'élan à la campagne anticléricale. Ayant prononcé

---

1. Aulard, *Société des Jacobins*, t. III, p. 67.

Dans une lettre à un de ses amis, publiée à la fin de son pamphlet, Palissot fait suivre le récit de l'incident de réflexions amères : « Ma foi, les prêtres doivent leur [aux Jacobins] voter des remerciements. Ils nous ont fait rétrograder d'un siècle au moins devant eux... Combien les prêtres vont se croire redoutables, lorsqu'ils apprendront qu'on les redoute encore au point de n'oser éclairer le peuple ! M. Robesp..... (*sic*) dit qu'il faut s'en remettre au temps ; mais c'est tout ce que veulent les prêtres, ils ne demandent que du temps, ils en connaissent toute l'importance... Le brave Manuel a parlé comme un héros, il s'est élevé avec force contre Robesp..... (*sic*), il a été vivement applaudi, je l'ai été moi-même, mais nous n'en avons pas moins été sacrifiés aux prêtres, et c'est chez les Jacobins que s'est fait ce dernier sacrifice de victimes humaines.. . »

l'éloge du défunt, il demanda que la Société envoyât des commissaires à ses obsèques, « qui se feront sans doute, poursuivit-il, dans une église, car nous sommes si libres que la philosophie n'a pas encore de cimetière. » — Encore une fois, Manuel retrouva en face de lui Robespierre : « Il est des morts, dit celui-ci avec dédain, qui méritent indulgence. » Et, désavouant la campagne de déchristianisation, il fit passer à l'ordre du jour, sous prétexte que Cérutti n'était pas jacobin [1].

Robespierre et Guadet. — Mais, à aucun moment, l'antagonisme n'éclata mieux entre les deux partis philosophiques qu'à la grande séance du 26 mars 1792 [2]. Ce jour-là, Robespierre donna lecture d'un projet d'adresse aux sociétés affiliées pour stimuler leur propagande patriotique. Il y parlait, à plusieurs reprises, de la Providence, qui avait protégé la Révolution contre ses ennemis et qui la ferait triompher encore des nouveaux périls que la guerre menaçante, pourrait lui faire courir. « Mais craignons, disait-il, de lasser la bonté céleste, qui, jusqu'ici, s'est obstinée à nous sauver malgré nous ! » Les anticléricaux du club ne purent y tenir. Ils firent un tel tumulte que l'évêque Gobel, qui présidait, fut réduit à se couvrir pour ramener le silence. L'impression de l'adresse de Robespierre, réclamée à grands cris, fut repoussée ; puis Guadet, montant à la tribune, répondit à Robespierre et fit le procès de la Providence : «... J'ai entendu souvent dans cette adresse répéter le mot de Providence, je crois même qu'il y est dit que la Providence nous a sauvés malgré nous ; j'avoue que, ne voyant aucun sens à cette idée, je n'aurais jamais cru qu'un homme, qui a travaillé avec tant de courage pendant trois ans pour tirer le peuple de l'esclavage du despotisme, pût concourir à le

1. Aulard, *Société des Jacobins*, t. III, p. 362.

2. Voir le Compte-rendu du *Journal des Débats et de la correspondance de la Société des amis de la Constitution*, n° du 28 mars 1792, dans Aulard, *Société des Jacobins*, t. III, p. 451-452.

remettre ensuite sous l'esclavage de la superstition... » Le brouhaha recommença, le club parut partagé en deux partis presque d'égale force. — Sentant la majorité lui échapper, Robespierre quitta dans sa réplique le ton dédaigneux avec lequel il avait jusque-là combattu les déchristianisateurs. Il couvrit de fleurs Guadet, « législateur distingué par ses talents ». Il s'efforça seulement de lui prouver qu'il s'était mépris sur sa véritable pensée : « je ne viens pas combattre des principes communs de M. Guadet et de moi. Car je soutiens que tous les patriotes ont mes principes, et il est impossible que l'on puisse combattre les principes éternels que j'ai énoncés. Quand j'aurai terminé ma courte réponse, je suis sûr que M. Guadet se rendra lui-même à mon opinion... » Et Robespierre proteste qu'il « *abhorrait* autant que personne toutes ces sectes impies qui se sont répandues dans l'univers pour favoriser l'ambition, le fanatisme et toutes les passions en se couvrant du pouvoir secret de l'Eternel, qui a créé la Nature et l'Humanité... » Mais, d'accord en principe avec les anticléricaux et aussi ennemi des prêtres qu'ils pouvaient l'être, Robespierre explique, dans un langage d'une belle sincérité et d'une grande noblesse, qu'il ne pouvait pas confondre la cause de la divinité avec celle de « ces imbéciles dont le despotisme s'était armé », qu'il croyait à la Providence, que cette croyance lui était nécessaire, comme elle était nécessaire au Peuple [1]. Quand il eut fini, le tumulte recommença. Gobel s'efforça en vain de mettre aux voix plusieurs motions. En désespoir de cause, il dut lever la séance.

---

1. Comme l'a très bien dit M. Jaurès, on sent dans le déisme de Robespierre « une sorte de tendre respect pour l'âme du peuple, pour l'humble conscience du pauvre ». A l'inverse des autres révolutionnaires qui « tolèrent de haut les préjugés du peuple », ses erreurs,... Robespierre « s'accommode à elles et semble se mettre à leur niveau.. ». Jean Jaurès, *Histoire Socialiste. La Convention*, t. Ier, p. 244.

V

Progrès des idées philosophiques. — En dépit de la résistance des opportunistes, le parti anticlérical gagnait chaque jour du terrain. Robespierre parvenait encore et non sans peine à le tenir en respect aux Jacobins, mais il paraissait dominer de plus en plus à la Législative, où les amis de Guadet et d'Isnard, les Brissotins, formaient la majorité. Le 12 mai 1792, l'Assemblée fut le théâtre d'une scène qui annonce déjà 1793. Le vicaire de Sainte-Margueritte, l'abbé Aubert, l'un de ces prêtres philosophes qui des premiers avaient violé le célibat, se présenta à la barre accompagné de son épouse. Le Président lui accorda la parole et Aubert put se glorifier d'avoir donné l'exemple à suivre aux curés patriotes : « Il est temps que les ministres du culte romain se rapprochent de leur sainte origine ; il est temps qu'ils rentrent dans la classe des citoyens ; il est temps enfin qu'ils réparent par l'exemple des vertus chrétiennes et sociales tous les scandales, tous les maux que le célibat des prêtres a causés... ».

Non seulement ces déclarations, outrageantes pour les évêques et les prêtres constitutionnels qui siégeaient là en grand nombre, furent applaudies, à la presque unanimité, dit le *Moniteur* [1], mais Aubert fut invité aux honneurs de la séance avec son épouse et les parents qui l'accompagnaient.

Vers le même temps, la *Feuille Villageoise*, dont la campagne anticléricale redoublait de violence, notait avec satisfaction les progrès que faisait la tolérance. A Liancourt, le curé consentait à recevoir dans le cimetière catholique, en terre sainte, le corps d'un protestant. A Pignan, près de Montpellier, à Valence (Drôme), à Jaillieu près Bourgoin (Isère), les ministres protestants et catho-

1. Réimp., t. XII, p. 369.

liques s'embrassaient à la fête d'inauguration du buste de Mirabeau [1]. Thévenet, curé de Salagnon, près Bourgoin (Isère), protestait dans le journal contre l'emploi de la langue latine dans le culte, et son confrère Dupuis, curé de Droyes, imitait son exemple [2].

Les *Révolutions de Paris* vitupéraient sans relâche contre la « corporation des théophages ». Dans leur numéro 144 [3], elles citaient avec éloge, comme un exemple à suivre, la conduite philosophique des habitants de Vaudreuil, près d'Epernay, qui, après la suppression de leur paroisse, s'étaient assemblés et avaient nommé curé l'un d'eux, un manouvrier du nom de Pierre Bonnet. Dans un numéro suivant [4], elles donnaient à un article anticlérical cette conclusion : « Pourquoi ne pas le dire ? n'en est-il pas bien temps ? Tout prêtre est sot ou fourbe, il n'y a point d'intermédiaire ». Il était difficile de déclarer au clergé, à tout le clergé, une guerre plus implacable.

La Fête-Dieu à Paris en 1792. — Encouragé par l'attitude de la Législative, par les nouvelles venues des départements et par le ton de la presse, P. Manuel résolut de frapper un grand coup le jour de la Fête-Dieu. Sur son réquisitoire, la municipalité parisienne prit, le 1er juin 1792, un arrêté destiné à enlever à l'Église constitutionnelle le caractère officiel dont elle était encore revêtue [5]. Jusque-là, les autorités, escortées de la garde nationale, avaient figuré au premier rang des cortèges religieux, les jours de grandes fêtes. Désormais, les autorités s'abstiendraient d'y paraître en corps. Les citoyens ne seraient plus forcés de tendre ou de tapisser l'extérieur de leurs maisons, « cette dépense devant être purement volontaire et ne devant gêner en aucune manière la

1. *Feuille Villageoise* du jeudi 3 mai 1792, article sur « les progrès de la tolérance ».

2. *Ibid.*, n° 36, 31 mai 1792.

3. 7 à 14 avril 1792.

4. N° 151, 26 mai-2 juin 1792.

5. Voir l'arrêté dans Robinet, *op. cit.*, t. II, p. 203 et suiv.

liberté des opinions religieuses ». La garde nationale ne pourrait plus être requise pour le service du culte, « les citoyens soldats ne devant se mettre sous les armes que pour l'exécution de la loi et la sûreté publique ». Enfin, la circulation cesserait d'être interdite sur le passage des processions, « la prospérité publique et l'intérêt individuel ne permettant pas de suspendre la liberté et l'activité du commerce ».

Dans une circulaire aux quarante-huit sections, Manuel se chargea de préciser le sens et la portée de l'arrêté municipal[1]. Après avoir dénoncé « les maximes intolérantes et superstitieuses des siècles d'ignorance et de tyrannie », « le temps, sans doute, prédisait-il, n'est pas éloigné où chaque secte religieuse, se renfermant dans l'enceinte de son temple, n'obstruera plus, à certaines époques de l'année, par des cérémonies extérieures, la voie publique, qui appartient à tous et dont nul ne peut disposer pour son usage particulier. » Et Manuel entrevoyait même dans le lointain « l'anéantissement de tous les préjugés sous le joug desquels les hommes ont été courbés pendant longtemps ».

L'initiative de la municipalité parisienne ne fut pas perdue. Quelques jours après, ayant reçu l'invitation du clergé de Saint-Germain-l'Auxerrois, la Législative eut à examiner si elle assisterait en corps à la procession du Saint-Sacrement. Sur la proposition de Duquesnoy, elle avait déjà décidé qu'elle accepterait l'invitation. Mais des protestations s'élevèrent. Pastoret reprit à la tribune les arguments de Manuel sur la neutralité de l'État et, finalement, obtint le rapport du décret[2]. Il fut seulement décidé que l'Assemblée ne siégerait pas le matin de la Fête-Dieu pour permettre à ses

1. Voir sa circulaire dans Robinet, *op. cit.*, t. II, p. 204-205.

2. D'après les textes publiés par Robinet, *op. cit.*, t. II, p. 206-207. — L'évêque constitutionnel Le Coz se montra très peiné de la décision de l'Assemblée. Dans une lettre particulière du 6 juin 1792, il proteste avec amertume contre les calomnies et les outrages dont le catholicisme constitutionnel était devenu l'objet de la part de « ceux-là mêmes qui se prétendent ses plus zélés défenseurs ». Le Coz, *Correspondance* publiée par le P. Roussel, t. Ier, 1900, in-8°, p. 34.

membres de se rendre à la procession à titre individuel. La Législative se solidarisait donc en principe avec la municipalité parisienne, et les journaux brissotins ne manquèrent pas de s'en féliciter [1].

Les Jacobins eux-mêmes parurent se ranger du côté de P. Manuel. Déjà, à la séance du 8 juin, Delacroix avait demandé la suppression des traitements ecclésiastiques. « Pourquoi salarier exclusivement certains prêtres? » Préludant à la propagande hébertiste, il avait proposé « d'envoyer dans les fournaises nationales des monnaies toutes ces cloches qui ne servent qu'à troubler votre repos. » « Détruisez, continuait-il, ces signes d'esclavage et d'idolâtrie qui ne servent qu'à entretenir l'ignorance et la superstition. Remplacez-les par les images des Rousseau, des Franklin, de tous ces hommes anciens et modernes qui rempliront le peuple d'un noble enthousiasme pour la liberté. Laissez à leurs immortels écrits le soin d'instruire vos concitoyens, au lieu de cette horde de gens à préjugés dont ils peuvent sans doute se passer... » L'impression de ce discours était demandée par une partie du club et combattue par l'autre. Pour couper court à toute opposition, Delacroix déclarait qu'il ferait imprimer son discours à ses frais [2].

A la séance du lendemain, un autre Jacobin, Mathieu, vint approuver l'arrêté de la municipalité parisienne et exhorter les bons citoyens, surtout ceux des tribunes, à redoubler d'activité pour assurer son exécution [3]. Et le surlendemain, les Jacobins firent un très mauvais accueil à une pétition de « fanatiques » qui venaient protester contre l'arrêté de Manuel.

L'événement montra cependant que le parti anticlérical, s'il dominait à la mairie, à la Législative, et parfois aux Jacobins, n'était pas encore maître de la rue, tant

1. Par exemple le *Patriote français* du 7 juin, article de Condorcet.
2. Aulard, *Société des Jacobins*, t. III, p. 649 et suiv.
3. D'après le *Journal* de la société. Robinet, *op. cit.*, t. II, p. 204, note 1.

s'en fallait ! Les processions se déroulèrent comme d'habitude, escortées par un grand nombre de gardes nationaux en armes, venus à titre individuel. Les juges des tribunaux en corps occupèrent dans le cortège leur place habituelle. Le curé de Saint-Séverin, dans une lettre insolente, avertit Manuel que sa procession serait escortée de cinquante grenadiers, et il l'invita à venir la disperser avec son écharpe. Plusieurs anticléricaux, qui n'avaient pas pavoisé ou qui refusèrent de se découvrir sur le passage du Saint-Sacrement, furent injuriés, molestés. Le boucher cordelier Legendre, qui allait dans sa voiture à Poissy pour ses affaires, n'ayant pas voulu céder la place à la procession de Saint-Germain-des-Prés, provoqua une bagarre dans laquelle il eut le dessous.

Les philosophes durent convenir en eux-mêmes que l'anéantissement des préjugés religieux n'était pas si proche qu'ils l'avaient espéré. Le soir même de la fête, P. Manuel gémissait aux Jacobins, qui l'avaient nommé leur Président, sur l'insubordination d'une partie de la garde nationale parisienne. « Les magistrats du peuple, disait-il, ont été méprisés pour obéir à des prêtres ! »

Les Robespierristes ne manquèrent pas de tirer de l'événement la leçon qu'il comportait et de proclamer bien haut qu'il justifiait leurs craintes et leurs conseils de prudence. Ne se souvenant plus qu'il avait applaudi l'année précédente au défi porté par Cloots à Fauchet, Camille Desmoulins donnait tort à Manuel dans un article de la *Tribune des Patriotes* [1]. « Je crains bien que le jacobin Manuel n'ait fait une grande faute en provoquant les mesures contre la procession de la Fête-Dieu. Mon cher Manuel, les rois sont mûrs, mais le bon Dieu ne l'est pas encore. Si j'avais été membre du Comité municipal, j'aurais combattu cette mesure avec autant de chaleur qu'eût pu faire un marguillier... A Paris même, comme dans les départements, le réquisitoire

1. N° 3. Cité par Robinet, *op. cit.*, t. II, p. 219-220.

du patriote Manuel a le grand inconvénient de soulever contre la Constitution les prêtres constitutionnels qui ont rendu de si grands services, qui ne peuvent voir dans un semblable arrêté que le plus sinistre présage pour leur marmite, et c'est toujours par le renversement des marmites que s'opèrent les révolutions et les contre-révolutions. »

Mais le mouvement anticlérical était déjà trop fort pour que ces conseils de prudence pussent être écoutés. La leçon de la Fête-Dieu ne fit que démontrer à P. Manuel et à ses amis la nécessité de redoubler d'énergie, et leur campagne continua plus vigoureuse que jamais. Les journaux brissotins donnèrent avec ensemble, suivis par les journaux cordeliers, qui seront bientôt les journaux hébertistes : le *Patriote Français*, la *Chronique de Paris*, à côté des *Révolutions de Paris* et du *Père Duchesne*. « Va toujours, brave Manuel, s'écriait le *Père Duchesne*[1], va et nous te soutiendrons, fais pénétrer le flambeau de la raison dans la caverne des préjugés, et fous-moi l'âme à l'envers à tous les fanatiques... » Et la *Chronique de Paris* reprenait : « O peuple français, que tu es encore loin d'être libre ! O prêtres de toutes les religions, jusques à quand n'empêcherez-vous plus les hommes de marcher librement et tranquillement[2] ? »

La campagne philosophique continua plus ardente que jamais, avivée encore par les premières défaites sur les frontières. P. Manuel put poursuivre sans obstacle sa prédication aux Jacobins. A la séance du 29 juillet, il annonçait au club qu'il allait convoquer les électeurs parisiens pour la nomination à deux cures vacantes, et à cette occasion, il recommandait aux suffrages des patriotes « les prêtres les plus dignes, ceux qui sont époux et pères ». « Loin de nous, s'écriait-il, ces prêtres qui croient que l'usufruit des femmes est bon et non pas la propriété,

1. N° du 9 juin 1792, dans Robinet, *op. cit.*, t. II, p. 219.
2. N° du 10 juin 1792. Lettre signée F. J. Ozanne, dans Robinet, *op. cit.*, t. II, p. 214.

qui ne veulent pas en avoir à eux pour user de celles des autres [1]... »

On peut dire qu'à la veille du 10 août, l'Église constitutionnelle, minée par cette propagande philosophique, perdait de jour en jour son action sur les patriotes. La majorité des évêques et des prêtres jureurs, indignés de ce qu'ils appelaient de l'ingratitude, n'étaient pas loin déjà de se retirer du combat politique. Dès ce moment, ils se détachent peu à peu de la Révolution et rentrent sous la tente. Certains même n'espèrent plus qu'en une réconciliation honorable avec les réfractaires [2]. Inversement, la petite minorité des prêtres philosophes, groupés autour de la *Feuille Villageoise*, rompent de plus en plus ouvertement avec le catholicisme, se marient, se laïcisent, fréquentent le club aussi souvent que l'église. Ils seront demain les prêtres du nouveau culte civique, à l'organisation duquel les hommes politiques travaillent maintenant en plein jour.

VI

Les projets de fêtes civiques sous la Législative. — Pendant ces premiers mois de 1792, la propagande philosophique n'avait pas été purement négative, elle avait pris de bonne heure une forme positive.

Détruire le catholicisme, c'était bien ; le remplacer c'était mieux. Les projets de culte civique, déjà esquissés par Mirabeau et Talleyrand, sont alors repris, étendus, approfondis, et ouvertement dressés contre le catholicisme.

---

1. Aulard, *Société des Jacobins*, t. IV, p. 155.

2. M. Jaurès a bien indiqué cet état d'esprit du clergé révolutionnaire à la fin de la Législative : « Il pressent que la logique de la Révolution la conduira à abolir tout culte officiel. Il commence à craindre que l'ébranlement des habitudes anciennes dans l'ordre de la discipline ecclésiastique et des cérémonies ne s'étende à la foi elle-même, et que le peuple, ne s'arrêtant pas plus longtemps à cette combinaison un peu équivoque de la constitution civile, ne rompe enfin tout lien religieux... » J. Jaurès, *Histoire socialiste*, *La Convention*, t. Ier, p. 218.

De Moÿ. — A deux reprises différentes[1], P. Manuel avait signalé aux Jacobins, avec force éloges, la brochure qu'un curé de Paris fit paraître dans les premiers jours de 1792, *Accord de la Religion et des Cultes chez une nation libre*[2]. Par l'effort de logique qui s'y manifeste, aussi bien que par la hardiesse des vues, la brochure méritait tout-à-fait l'honneur que lui faisait Manuel, et ce n'est pas exagéré de dire qu'elle fournit aux philosophes plus d'une arme excellente contre le catholicisme et qu'elle leur suggéra l'idée de certaines de leurs créations civico-religieuses.

De Moÿ s'attachait d'abord à montrer la nécessité d'une prompte suppression de la Constitution civile du clergé, « cette tache qui souille la Constitution de l'Empire, cette monstruosité dans le code sublime de nos lois[3] ». A l'en croire, la Constitution civile, œuvre de cette sottise « appelée Jansénisme », était capable d'ébranler l'institution politique nouvelle et même de l'anéantir, car où s'arrêterait la guerre religieuse ? Le meilleur, le seul moyen de ramener le calme, c'était de laïciser l'Etat. Cette solution avait déjà été préconisée par André Chénier, Lemontey, Ramond et beaucoup d'autres, quelques mois auparavant. Mais le curé de Saint-Laurent lui donnait une portée tout autre. Il n'entendait pas que l'État, au lendemain de la séparation, restât désarmé devant les religions. La laïcité. telle qu'il la concevait, n'était

1. Le 26 janvier et le 14 février 1792. Aulard, *Société des Jacobins*, t. III, p. 345 et 374.

2. *Accord de la Religion et des Cultes chez une nation libre*, par Charles Alexandre De Moÿ, député suppléant à l'Assemblée Nationale. A Paris, l'an IV de la Liberté, au presbytère de Saint-Laurent et chez les libraires qui vendent des nouveautés, in-8°, 144 p. (Bib. nat., Ld⁴ 3831). La première édition sur papier à chandelle fut suivie presque immédiatement d'une seconde édition sur beau papier et en caractères plus fins (110 p.). publiée chez J.-B. Garnery, libraire, rue Serpente, n° 17. Faisant droit à une observation des *Révolutions de Paris*, De Moÿ signa dans la seconde édition « curé de Saint-Laurent ». Les extraits qui suivent sont empruntés à la seconde édition.

3. P. 7.

pas une laïcité morte, mais une laïcité active. Il réservait à l'État un droit de contrôle et de censure sur tous les cultes, et, au-dessus des religions particulières, il élevait la religion nationale.

La nation, disait-il, a le droit de proscrire des cultes tout ce qu'ils auraient de contraire aux bonnes mœurs et aux lois. Par exemple, elle devra en proscrire le célibat, qui est contraire à la nature et aux mœurs [1]. La nation n'a pas seulement un droit de surveillance morale sur les ministres des cultes, elle est aussi revêtue d'un droit d'inspection sur leurs rites, sur leur liturgie, sur leurs missels. Qu'on ne dise pas que l'exercice de ce dernier droit viole la liberté de la presse ! Les livres religieux ne seront pas examinés comme livres, mais comme formulaires obligatoires, comme des règlements particuliers qui « font la loi pour une certaine portion de citoyens, dont ils dirigent conséquemment non seulement les *opinions*, mais aussi les actions [2] ». « Or, une seule loi doit commander à tous, la loi nationale, et nulle loi particulière ne peut, n'a le droit de soustraire le moindre citoyen à l'empire légitime de celle de la nation. » En conséquence, l'Etat peut et doit supprimer ces excommunications, ces anathèmes, lancés contre les citoyens qui vendent ou achètent les biens nationaux.

A la nation revient aussi légitimement le droit de régler les manifestations extérieures des cultes : « La voie publique, comme place, carrefour, chemin, appartient au public, c'est-à-dire également et en tout temps à tous les citoyens ; elle doit donc toujours être libre à tous et pour tous ; mais elle cesserait de l'être, si un particulier ou une société partielle avait le droit d'en détourner même momentanément la destination à des usages particuliers et qui lui seraient propres. » Autrement, ce serait per-

1. P. 15.
2. P. 16.

mettre aux cultes particuliers de transformer la voie publique en temple [1].

Il n'est pas jusqu'au costume des ministres des cultes que la nation ne puisse pas réglementer. « Il ne doit y avoir d'autres distinctions dans la société et parmi les citoyens que celle que la loi elle-même y aura introduite..... ». Permettre aux prêtres de porter des costumes particuliers, ce serait leur laisser « autant de signes de ralliement contre la grande société », sans compter que, sur le peuple, « le costume est la recommandation la plus imposante qu'on puisse supposer... ». « Le peuple confond l'habit avec l'individu, et cet habit devient l'épouvantail ou l'idole, que tantôt il révère et tantôt il encense... L'esprit de Saint-François est dans sa robe, l'esprit de Saint-Dominique est dans son habit, l'esprit de Saint-Bernard est dans son froc... [2] ». Pour des raisons analogues, l'État réglementera la sonnerie des cloches : « un son aussi bruyant et qui se propage à des distances aussi considérables que celui des cloches, devra être réservé uniquement pour les objets généraux de police et lorsqu'il s'agirait de convoquer, de réunir les citoyens pour quelques intérêts de la chose commune... [3] ».

Les sépultures enfin ne peuvent échapper à la surveillance de la nation. Sans doute, chaque citoyen est propriétaire de son corps et peut en disposer, choisir et désigner le lieu de son dernier repos. « Mais si nous n'avons rien prévu, rien déterminé à l'égard de notre corps, lorsque nous ne serons plus, et si notre volonté ne s'est point expliquée par rapport à notre sépulture, alors c'est à la société elle-même à y pourvoir et à s'en occuper.... » Il y aurait un véritable danger social à confier aux religions particulières le soin d'ensevelir leurs fidèles. Dans ce cas, en effet, « les inhumations seront

---

1. P. 24. On voit que P. Manuel, dans son arrêté sur les processions de la Fête-Dieu, ne fit que mettre en pratique les principes de De Moÿ.

2. P. 37. Le décret qui supprimera le costume ecclésiastique, le 6 avril, ne sera que la mise en pratique des principes posés par De Moÿ.

3. P. 46.

toutes liturgiques, toutes dans l'esprit particulier de tel ou tel culte respectivement, et elles n'offriront, par conséquent, aux yeux du peuple, rien de civique, rien qui ait trait à la société; on ne pourra pas dire : « C'est un citoyen qu'on enterre; » on dira : « C'est un catholique romain, c'est un luthérien, c'est un juif, etc...... [1] » S'il en était ainsi, s'il y avait autant de formes différentes d'inhumations qu'il y a de cultes différents dans le royaume, « *la société cesserait d'être une.....*; une ligne absolue de démarcation serait tirée dès lors entre la société des morts et la société des vivants.... Le citoyen, en mourant, semblerait s'isoler et faire schisme avec la grande société..... [2] » Il était difficile de pousser plus loin la passion de l'unité. Toujours logique, De Moÿ poursuivait en demandant la création d'un service public des funérailles, et il décrivait les symboles naturalistes qu'il proposait pour décorer les cérémonies funèbres. « Peignez-nous le sommeil; mourir, c'est s'endormir pour la dernière fois, s'endormir sans espoir de réveil, sans espoir de retour à cette longue veille qu'on appelle la vie... [3] »

Mais, réunir tous les Français dans le même cérémonial funèbre n'est pas suffisant. Il faut que, dès cette vie, ils se sentent concitoyens et frères, qu'ils communient certains jours dans le culte commun de la Patrie. « Aussi bien que chaque culte, la Nation a aussi ses fêtes, c'est-à-dire ses fastes, ses événements à jamais mémorables qu'elle célèbre... », et De Moÿ traçait à grands traits le plan de cette religion nationale, à laquelle il voulait subordonner toutes les autres. A l'en croire, la Religion nationale des Français était née le jour de la Fédération. Avant ce jour là, « déjà le peuple français avait osé s'intituler Nation, mais la nation n'existait point encore ; jusque-là point de pactes de famille entre les citoyens, point de nœuds qui les unissent

1. P. 62.
2. P. 67. La Commune de Paris appliquera ce programme après le 10 août.
3. P. 85. Fouché ne fera que réaliser le vœu de De Moÿ dans son fameux arrêté sur les cimetières.

ensemble, point de serments jurés entre les mains des uns des autres en signe d'union, en signe d'égalité, en témoignage, en garantie d'une sincère et éternelle fraternité.[1] » La Religion nationale existe, il n'y a qu'à la perfectionner et qu'à la compléter. Il faudra tout d'abord la dégager de l'alliage impur des autres religions, la rendre tout à fait laïque : « Cet autel, au haut duquel vous hissez le prêtre romain avec son diacre, son sous-diacre, et toute sa suite de lévites en tuniques et en aubes, pour y *messer*[2], nous appelons cela l'autel de la Patrie. Quoi ! La France est donc un pays d'obédience et totalement sous la dépendance du Pontife romain, de ses cardinaux et de ses prélats ![3] » Arrière donc le prêtre ! Les cérémonies civiques seront présidées à l'avenir par le magistrat, ou le vieillard le plus vénérable, par le patriarche de la cité, qui ouvrira la cérémonie par un cantique à la Liberté recouvrée. La jeunesse chantera ensuite le respect dû à la famille et à la cité. Des orateurs liront au peuple l'histoire des événements mémorables qui ont fondé la Liberté. Ainsi, la Nation aura aussi son culte, sa bannière, une bannière sous laquelle tous les Français, sans distinction de culte, viendront se ranger ! Le culte national, De Moÿ l'espère bien, remplacera peu à peu tous les autres. « Les faquirs et les bonzes, cette nuée d'individus stériles et hypocrites, avares et malfaisants » disparaîtront enfin devant la Philosophie et la Raison, et la régénération sera accomplie !

La portée du livre de De Moÿ fut considérable[4].

---

1. P. 96.
2. Isnard avait déjà employé ce néologisme. Voir plus haut, p. 94.
3. P. 100.
4. Il eut immédiatement une seconde édition. Le ministre de l'Intérieur, Roland, le fit distribuer, paraît-il, dans les départements (*Révolutions de Paris*, n° 135, p. 280). Les catholiques constitutionnels essayèrent de réfuter le libelle, et couvrirent l'auteur d'injures. Voir : *Lettre d'un vicaire de Paris à Charles-Alexandre de Moÿ ou réflexions sur sa brochure intitulée : De l'Accord de la Religion avec les cultes*, s. d. (datée à tort à la main sur l'exemplaire de la Bib. Nat. : 1791) in-8°, 47 p. (Bib. nat., Ld⁴ 3834) ; *Réfutation du libelle de M. De Moÿ, curé de Saint-Laurent de Paris, par Jean*

Jamais on n'avait encore formulé avec cette netteté et cette ampleur le projet de détruire le catholicisme en le remplaçant. Les philosophes s'approprièrent les propositions du curé de Saint-Laurent et jusqu'à ses arguments et jusqu'à ses exemples. La Législative ne se séparera pas sans réaliser une partie de son programme, qui devait être appliqué en entier par la Convention et par le Directoire.

Les journaux philosophiques s'appliquèrent immédiatement à faire connaître l'écrit du curé de Saint-Laurent. La *Feuille Villageoise* en donna de longs extraits dans son numéro du 15 mars 1792. Les *Révolutions de Paris*, après avoir félicité l'auteur, tirèrent cette conclusion [1] : « Seulement trois curés de cette trempe dans chaque département et le vœu de Mirabeau ne tarderait pas à être accompli, la France serait bientôt *décatholicisée*. Si cette bonne fortune nous arrive, nous en devrons de la reconnaissance à ce député suppléant qui consolerait bien vite l'Assemblée nationale de la perte qu'elle dit avoir faite dans la personne du défunt Cérutti ». Et le journal de Prud'homme ajoutait ensuite une réflexion, dont plus d'un lecteur dut sentir la justesse : « Ce que nous ne concevons pas bien, c'est de voir M. De Moÿ, après la profession de foi qu'il vient de publier hautement et avec succès dans son livre *De l'Accord de la Religion et des Cultes*, affublé encore d'une étole, d'une chasuble, chantant oremus au lutrin, et de le voir *messer* encore à l'autel... »

Les idées de De Moÿ ne tardèrent pas à être portées à la tribune de la Législative.

Duffay, vicaire de la paroisse de Saint-Germain-des-Prés. Paris, l'an IV de la Liberté, l'an de grâce 1792, in-8° (Bib. Nat., Ld[4] 3835) ; *Profession de foi de Ch. Alex De Moÿ, député suppléant à l'Assemblée Nationale, et curé de la paroisse de Saint-Laurent à Paris, rédigée en forme de catéchisme et suivie d'un entretien d'un Paroissien de Saint-Laurent, avec approbation à l'usage de l'Église constitutionnelle de France.* A Paris, Crapart, 1792, in-8°, 60 p. (Bib. Nat., Ld[4] 3836).

1. Dans leur numéro 135, p. 277 et suiv.

Le rapport de Français (de Nantes) du 26 avril 1792. — Le 26 avril 1792, Français (de Nantes), au nom du Comité des Douze, donna lecture d'un grand rapport sur les moyens de ramener la tranquillité dans l'intérieur du royaume [1]. Esquissant à sa manière l'histoire des religions, il dénonça les crimes des prêtres, qui avaient altéré la belle simplicité du culte des premiers hommes, pour asservir et abrutir le peuple : « Nous sommes arrivés au point où il faut que l'État soit écrasé par cette faction, ou que cette faction soit écrasée par l'État... » Mais comment écraser les réfractaires ? On leur interdira d'abord l'usage du confessionnal, puis on les internera au chef-lieu du département, et enfin on les déportera. Seuls, les prêtres constitutionnels pourront dorénavant enseigner le peuple dans la chaire publique et dans la chaire secrète. Est-ce à dire qu'il faudra se borner à faire triompher ces derniers ? Français (de Nantes) ne le pense pas. Les prêtres constitutionnels, malgré tout, sont des prêtres. Ils auraient grand besoin de se réformer eux-mêmes, et Français (de Nantes) veut espérer qu' « un jour, délivrés de leurs adversaires, environnés de plus de lumières et de moins de périls, ils diront avec Thomas Paine : « Tous les cultes qui rendent les hommes bons, sont bons ». Autrement dit, il les voit déjà rejeter le catholicisme pour adhérer à la religion naturelle. Les applaudissements unanimes de l'Assemblée et des tribunes qui saluèrent ce vœu montrèrent qu'il était partagé par la plupart des patriotes.

Mais Français (de Nantes) ne compte pas seulement sur les bons prêtres pour ramener le peuple à la Constitution, il propose toute une série d'autres remèdes. Il voudrait qu'une fois par mois, la Législative adressât officiellement aux citoyens des instructions, des conseils et

---

1. Le rapport est publié in-extenso dans le *Moniteur* du 28 avril 1792, réimp., t. XII, p. 229 et suiv.

des monitoires. Ainsi, les Législateurs deviendraient aussi les « précepteurs du peuple ». Leurs instructions périodiques *seraient* lues avec avidité dans toutes les communes, dans toutes les écoles, dans tous les clubs. Elles *serviraient* de point de ralliement à la divergence des opinions, et de contre-poison aux productions de l'esprit de parti. » En même temps, on obligerait les municipalités « à rassembler leurs concitoyens tous les dimanches à la maison commune, pour leur lire les lois qui auront été décrétées durant la semaine et leur donner des instructions relatives à la situation des affaires en général, et à leur position en particulier ». — N'était-ce pas tracer six ans d'avance le programme des réunions décadaires du Directoire ?

Le rapport de Français (de Nantes) fut accueilli par une « acclamation unanime », et l'Assemblée en ordonna l'envoi aux quatre-vingt-trois départements [1].

Nouveau débat sur les réfractaires. — Le 15 mai, la discussion s'ouvrit sur le projet de décret qu'il avait présenté au nom du Comité des Douze. Isnard déplora, une fois de plus, l'erreur de la Constitution civile du clergé, il dénonça les intrigues et les trahisons de la Cour, et conclut, comme Français, en demandant la déportation des réfractaires. Le lendemain, Lecointe-Puyraveau, Vergniaud, venaient de conclure dans le même sens, quand le curé de Saint-Laurent, De Moÿ, monta à son tour à la tribune [2]. Alors que les précédents orateurs n'avaient regretté l'erreur de la Constitution civile qu'en passant et sans y insister, De Moÿ en fit le centre de son discours. Avec une grande force, il montra que la Constitution civile était en contradiction formelle avec la Déclaration des Droits, puisqu'elle créait en France un clergé privilégié. « Autrefois, s'écriait-il, on poursuivait comme hérétique, ou au moins comme schismatique, quiconque

1. *Moniteur*, réimp., t. XII, p. 225.
2. Il était venu siéger en remplacement de Gouvion, le 17 avril 1792.

refusait de communiquer avec le clergé romain, aujourd'hui celui qui refuse de reconnaître le prêtre constitutionnel est suspecté, noté d'incivisme ou d'aristocratie. Je vous demande, Messieurs, si vous aviez dans le sein d'un empire une société religieuse qui, à ce titre, regarderait le grand Lama comme son légitime et unique souverain, la nation se chargerait-elle, s'amuserait-elle à en nommer les ministres ? Diviserez-vous tout exprès pour eux la France comme un échiquier[1] ? ». Et De Moÿ conclut en demandant l'abrogation pure et simple de la Constitution civile, et en proposant pour la remplacer une loi sur la police des cultes, qui donnerait aux citoyens la liberté de choisir leurs prêtres. Interrompu par les évêques constitutionnels[2], De Moÿ fut applaudi par la grande majorité de l'Assemblée qui ordonna l'impression de son discours. Ramond vint proposer d'accorder la priorité à son projet de décret, mais alors se produisit un de ces brusques revirements, dont la Législative fut assez coutumière. Un député, dont le nom n'est pas connu, appela l'attention de ses collègues sur les dangers de la motion qu'ils allaient voter : « On a cherché à insinuer au peuple qu'il était dans le système de l'Assemblée constituante *d'abolir la religion* et qu'après avoir paralysé l'ancien clergé, on proposait d'abolir le reste. Eloignons-nous de toutes les mesures qui tendraient à accréditer cette opinion ; car nous pourrions nous attendre à avoir la guerre civile en même temps que la guerre étrangère[3]. » Comme au mois de novembre de l'année précédente, l'Assemblée recula, effrayée devant la crainte

---

1. *Discours et projet de décret concernant les ministres des cultes*, par M. Demoy (*sic*), député du département de Paris, le 15 [erreur : le 16] mai 1792, l'an IV de la Liberté, imprimé par ordre de l'Assemblée nationale. Dans un recueil factice n° 13 (Bibl. Nat., L e[33]3N). Le compte-rendu du *Moniteur* (réimp., t. XII, p. 407) ne diffère du texte officiel que par des variantes peu importantes.

2. Le Coz l'interrompit en ces termes : « Il est impossible que l'Assemblée entende de sang-froid de pareils principes. L'opinant parle contre la Constitution. »

3. *Moniteur*, réimp., t. XII. p. 408.

que le peuple pût croire qu'elle voulait abolir la Religion, et elle se résigna à maintenir la Constitution civile. Sur la proposition de Delacroix, la motion de De Moÿ fut écartée par la question préalable.

Le débat se rouvrit le 24 mai[1]; le prêtre constitutionnel Ichon présenta la défense de son église et montra que la séparation réclamée par Ramond et De Moÿ ne profiterait qu'aux réfractaires, c'est-à-dire aux ennemis de la Révolution. Becquet lui opposa la thèse de la séparation. Pour légitimer les mesures d'exception contre les réfractaires, Larivière invoqua l'autorité de Rousseau et donna lecture de son chapitre sur la religion civile. Ramond répliqua que le *Contrat social* ne « s'entend point comme tous les livres », et il s'éleva avec force contre la déportation des prêtres par autorité administrative. « C'est ainsi qu'en usait Louis XIV contre les Jansénistes. » Guadet dénonça les « sophismes » de Ramond, montra « l'insurrection générale des réfractaires », parla de la « voix du peuple ». Ramond voulut répondre, mais la majorité avait son siège fait, la discussion fut fermée et votée la déportation des prêtres insermentés[2].

Encore une fois la Constitution civile du clergé, condamnée en principe par la majorité des députés, n'avait été maintenue que pour des considérations politiques. Mais, chaque jour, le fossé se creusait un peu plus profond entre les philosophes et le clergé constitutionnel, car, chaque jour, s'accusait plus évidente l'impuissance de ce clergé à défendre la Révolution.

---

1. Je le résume d'après le *Moniteur*.

2. Le roi opposa son veto à ce décret, comme à celui de novembre. — Les séparationnistes continuèrent leur propagande par la presse et par les pamphlets. Les *Révolutions de Paris* analysèrent avec éloges la « sage motion du curé Moÿ » (n° 149, 12-19 juillet 1792). — Un certain Philippe Raynal, de Toulouse, reprit son argumentation dans une brochure intitulée *Opinions d'un citoyen français sur la liberté religieuse et sur les moyens de l'affermir sans danger, adressée à l'Assemblée nationale*, s. d. (L'exemplaire de la Bib. Nat. porte à tort à la main la date de 1791, in-8°. Bib. Nat., Lb[39] 4574). Les mêmes idées sont développées dans *La Religion du souverain* que Barbier attribue à De Moÿ lui-même (Paris, 1792, in-8°, 29 p., Bib. Nat., Ld[4] 7431).

Le Comité d'instruction publique et la propagande civique. Condorcet. — Le Comité d'instruction publique de l'Assemblée avait reçu mission de reprendre l'œuvre où le clergé constitutionnel avait échoué, d'organiser en même temps que l'éducation des enfants, l'instruction civique du peuple. Au moment même où le débat sur les prêtres allait s'ouvrir, les 20 et 21 avril 1792, Condorcet donna lecture au nom de ce Comité de son célèbre rapport sur « l'organisation générale de l'instruction publique [1] ». Il s'était bien gardé d'oublier que les fêtes nationales étaient une branche de l'éducation du peuple : « Les fêtes nationales, en rappelant aux habitants des campagnes, aux citoyens des villes, les époques glorieuses de la liberté, en consacrant la mémoire des hommes dont les vertus ont honoré leur séjour, en célébrant les actions de dévouement ou de courage dont il a été le théâtre, leur apprendront à chérir des devoirs qu'on leur aura fait connaître [2]. » Plus encore que sur les fêtes civiques, Condorcet comptait sur les conférences populaires pour détromper les citoyens et leur enseigner les vertus patriotiques. Mais alors que Lanthenas s'adressait pour organiser

1. J. Guillaume. *Procès-verbaux du Comité d'instruction publique de la Législative*, 1889, in-8°, p. 188 et suiv.

2. J. Guillaume, *ibid*, p. 192. — Le Comité d'instruction publique décida le même jour, 21 avril, de soumettre à la Législative un projet de décret concernant les fêtes nationales (J. Guillaume, p. 250). — Lors de sa réorganisation, le 11 mai 1792, une des sections du Comité devait s'occuper spécialement des fêtes nationales (*id.*, p. 291, note 3). — Le lendemain 12 mai, le rapporteur du Comité, Quatremère, en soumettant à la Législative un projet de décret sur la fête de Simoneau, ajoutait : « Chargé par vous de vous présenter un code d'instruction universelle, le Comité d'instruction publique n'a pas oublié que les cérémonies civiques sont la leçon de tous les hommes et de tous les âges ; que des fêtes périodiques, instituées dans tout l'empire à des époques consacrées par les grands événements, sont les plus forts instruments qu'on puisse employer sur l'âme pour la porter à l'amour et à l'imitation de tout ce qui est beau. Il sait que ces périodes solennels doivent devenir avec le temps les plus forts appuis de la Constitution, que c'est surtout dans la morale de cette Constitution que doivent se puiser les éléments de ces nobles institutions. Il vous proposera donc des fêtes en l'honneur de la Liberté, et d'autres en l'honneur de la Loi, véritable divinité de l'homme libre… » J. Guillaume, *ibid.*, p. 284.

ces conférences aux sociétés populaires et Français (de Nantes) aux municipalités, Condorcet réclamait le même service des instituteurs. Son projet de décret contenait un article ainsi conçu :

« Tous les dimanches, l'instituteur donnera une instruction publique, à laquelle les citoyens de tout âge, et surtout les jeunes gens qui n'ont pas encore prêté le serment civique, seront invités d'assister.

Ces instructions auront pour objet :

1° De rappeler les connaissances acquises dans les écoles ;

2° De développer les principes de la morale et du droit naturel ;

3° D'enseigner la Constitution et les lois dont la connaissance est nécessaire à tous les citoyens, et en particulier celles qui sont utiles aux jurés, juges de paix, officiers municipaux, d'annoncer et d'expliquer les lois nouvelles qu'il leur importait de connaître [1] ».

Quand il réimprimera son rapport en 1793, Condorcet donnera à sa pensée une forme plus précise. Il écrira alors que les conférences hebdomadaires, faites par les instituteurs, auront surtout cette utilité de préserver le peuple « des sorciers et des raconteurs de miracles ». — « Je voudrais même, dit-il, que les maîtres en fissent de temps en temps quelques-uns [des miracles] dans les leçons hebdomadaires et publiques : un canard de verre qui vient chercher le morceau de pain qu'on lui présente avec un couteau, la réponse à une question que l'on fait trouver dans un livre tout blanc, le feu qui se montre au bout d'une pique, le bûcher qui s'allume en arrosant la victime, le sang qui se liquéfie, les miracles d'Élie ou de saint Janvier et mille autres de cette espèce ne seraient ni coûteux ni difficiles à répéter. Ce moyen de détruire la superstition est des plus simples et des plus efficaces [2] ».

1. Art. VII du titre II. J. Guillaume, *op. cit.*, p. 228.
2. J. Guillaume, *op. cit.*, p. 194, note. Déjà, dans son projet de 1792, Condorcet avait écarté absolument de l'école l'enseignement religieux.

Ainsi, la propagande civique par les conférences populaires ne tarderait pas à devenir une arme aux mains des déchristianisateurs.

Projets de fêtes civiques émanés de simples particuliers. — La Législative se sépara avant que son Comité d'instruction publique lui eût soumis un projet de décret pour organiser les fêtes nationales. Mais l'idée faisait son chemin que la Patrie devait avoir ses solennités particulières, distinctes de celles des religions, et que ces solennités seraient une école de civisme et de fraternité.

Dès avril 1792, les simples citoyens adressent à l'Assemblée des projets de fêtes patriotiques, tel ce Duport-Roux, citoyen actif de Romans, qui écrivait ceci au Président de la Législative, le 27 avril 1792 :

« ... La tolérance religieuse, dont la raison fait un précepte, est un des articles de la charte constitutionnelle.

Le Luthérien, le Calviniste, ne peuvent pas être obligés à quitter leurs temples, ni le juif à sortir de sa synagogue pour se parjurer dans les églises.

Le non-conformiste ne mêlera-t-il point sa joie à celle du conformiste, parce que leurs opinions religieuses ont quelque différence ?

L'Assemblée Nationale a, ce semble, à s'occuper d'un mode de jubilation et d'actions de grâces qui puisse être commun à tous les citoyens, qui ne laisse pas apercevoir la diversité des croyances ou l'uniformité exclusive d'un culte, qui, en respectant la liberté des consciences, excite le patriotisme à prendre tout son essor.

Voici celui que vient soumettre à l'Assemblée législative un citoyen qui aime véritablement sa patrie, et qui, redoutant tout ce qui peut diviser les esprits, désire avec passion ce qui tend à unir les sentiments.

Les directoires des districts indiqueront à chaque fête nationale un lieu de rassemblement dans chaque canton.

Les municipalités s'y rendraient avec l'écharpe, au milieu de leurs gardes nationales respectives sous les armes.

Un feu de fagots qui aurait été dressé, serait allumé par les maires et par les officiers municipaux de chaque commune. Cette cérémonie serait précédée de cette invocation qu'adresserait à l'Être suprême le maire doyen d'âge, qui ne serait le ministre d'aucun culte.

« Père commun des hommes, qui les avez créés frères, recevez l'hommage de vos enfants, et répandez sur eux l'esprit de vérité, de justice et de paix. »

Pendant que le feu brûlerait, les citoyens formés en chœurs, accompagnés d'instruments de musique, chanteraient les dix-sept articles de la Déclaration des Droits[1]... »

Vers le même temps, le « sieur Poyet, architecte de la ville de Paris », dans un *Projet de cirque national et de fêtes annuelles*[2], demandait à son tour à l'institution des fêtes civiques la sauvegarde du nouveau régime :

« Il faut que l'empire des mœurs s'unisse à celui des lois, il faut que l'homme apprenne à chérir autant qu'à connaître les bienfaits d'une bonne législation ; il faut que l'esprit public se forme et détermine avec autant de rapidité que d'énergie le sentiment du bien commun et le général amour de la prospérité publique. . Si nos mœurs restent les mêmes, si le peuple ne s'instruit pas, nous aurons bâti sur le sable un édifice imposant mais peu solide... Rien ne tend mieux à ce but que l'institution des fêtes publiques. Au sein des grands rassemblements qu'elles produisent, les citoyens s'unissent, se jugent, se connaissent, une bienveillance commune les anime, l'imagination s'exalte, le courage s'élève, l'âme s'ouvre à l'amour de la chose publique et à celui de ses semblables.... »

Un curé philosophe, qui finira dans la Théophilanthropie, Charles Chaisneau, curé de Plombières, près Dijon, proposait, pour faire naître les bons citoyens, les héros,

---

1. Arch. Nat., F[17] 1065.

2. *Projet de cirque national et de fêtes annuelles proposé par le sieur Poyet, architecte de la ville de Paris*, Paris, 1792, 24 p. (Bib. de la Ville de Paris, 12.272).

d'organiser tout un système gradué de récompenses nationales, qui leur seraient décernées dans des cérémonies solennelles [1]. Dans le Panthéon de ses rêves, il dispose un dyptique national, catalogue raisonné des grands hommes que la France a produits depuis le commencement de la monarchie et pendant la Révolution. Près du dyptique, sur l'autel de la Patrie, il met « une statue qui foule à ses pieds le monstre du fanatisme et de la superstition. D'une main, elle tient des chaînes brisées, de l'autre elle distribue des couronnes civiques... »

Chaisneau, Poyet, Duport-Roux, ne furent certainement pas les seuls à appeler de leurs vœux l'organisation définitive de ce culte civique dont les éléments existaient déjà à l'état spontané. Leur exemple nous montre à quelles profondeurs les conceptions des hommes politiques avaient pénétré. Il est déjà à prévoir que si ceux-ci hésitent à aller jusqu'au bout, à dresser contre le catholicisme la religion révolutionnaire, le peuple patriote se passera d'eux et ira de l'avant quand même.

Projet de Gohier sur l'état-civil. — Mais au moment où nous sommes, les législateurs n'ont pas encore appris à se défier de l'opinion publique. Ils la précèdent plutôt et lui servent de guides. Le 19 juin 1792, lors de la discussion sur la laïcisation des actes de l'état-civil, le député Gohier, dans un discours très étudié, proposa d'entourer d'un cérémonial civique la constatation des baptêmes, des mariages et des décès. Si son projet de décret avait été adopté et mis en pratique, la religion révolutionnaire aurait été pourvue d'un culte officiel dès 1792.

A l'autel de l'ancienne religion, Gohier oppose l'autel de la religion nouvelle, l'autel de la Patrie, que chaque commune

---

1. *Le Panthéon français, ou discours sur les honneurs publics décernés par la Nation à la mémoire des grands hommes*, Dijon, 1792, in-8°, 15 p. (Bib. nat., Lb³⁹ 5958).

serait tenue de construire sur un modèle uniforme. Devant l'autel de la Patrie, sur lequel on lira la Déclaration des Droits, le citoyen « sera traduit à chaque époque intéressante de sa vie ». Il y sera porté à sa naissance, il y viendra recevoir des armes à 18 ans, se faire inscrire sur la liste des citoyens à 21 ans, il s'y mariera, son cadavre enfin y sera conduit pour de civiques funérailles. Bref, la Patrie aura ses sacrements comme la Religion. Tout rappellera au citoyen « qu'il naît pour sa patrie, qu'il doit vivre, qu'il doit mourir pour elle. » La Patrie, comme autrefois la Religion, prendra l'homme tout entier, le pétrira corps et âme. « Le spectacle d'un enfant, explique Gohier, intéresse l'âme la moins sensible, celui qu'offre l'union de deux époux qui se jurent mutuellement amour et fidélité n'inspire pas moins d'intérêt, et le plus barbare s'attendrit à la vue d'un ennemi même qui expire. La cérémonie lugubre d'un convoi, en rappelant à l'homme sa fin dernière, l'associe, pour ainsi dire, au deuil de la famille du décédé. Annoblissons toutes les sensations que le cœur éprouve dans ces positions diverses ; *empreignons*-le, s'il est permis de s'exprimer ainsi, *d'une teinte civique* ; profitons de l'instant où l'âme est ainsi agitée, pour la pénétrer des vertus qui doivent l'agrandir, qui doivent l'élever au-dessus d'elle-même [1] »

Gohier ne se bornait pas à émettre des vues générales ; il esquissait pour chacun des actes principaux de la vie du citoyen tout un cérémonial civique calqué sur le cérémonial catholique.

Pour les *naissances*, les « magistrats du peuple », faisant fonctions de prêtres, n'inscriraient pas l'enfant sur les registres de l'état-civil sans prendre l'engagement solennel, au nom de la Patrie, de l'affranchir de la servitude, de l'ignorance en lui procurant une instruction digne d'un homme libre. A son tour, le père de l'enfant, ou son parrain, prendrait l'engagement, au nom du nouveau citoyen, d'être fidèle

1. Discours de Gohier, d'après le *Moniteur*, réimp., t. XII, p. 708.

à la Nation, soumis à la Loi et respectueux des autorités constituées. La cérémonie se terminerait par le cri de : « Vivre libre ou mourir! »

A dix-huit ans, le jeune homme serait armé garde national et ferait comme une première communion civique. Tous les ans, à l'époque mémorable du 14 juillet, les vétérans conduiraient à l'autel de la Patrie les jeunes citoyens ayant l'âge requis. Là, les magistrats leur rappelleraient que la force armée n'est établie qu'en aide à la loi, qu' « ils ne reçoivent des armes que pour la défendre », etc. Ils joindraient à leurs exhortations patriotiques des conseils de morale. La même cérémonie serait renouvelée à 21 ans, au moment de l'inscription civique. Tous les assistants répéteraient le serment de *vivre libres ou de mourir*.

Pour les *mariages*, les publications seraient faites devant l'autel de la Patrie. Devant l'autel de la Patrie encore, les époux seraient unis par les magistrats. Ils annonceraient eux-mêmes « que les plus doux sentiments de la nature ne leur font point oublier qu'avant d'être l'un à l'autre, ils appartenaient à la Patrie », et ils scelleraient leur « vœu matrimonial » du cri de *vivre libre ou mourir*.

La Patrie enfin décernerait aux morts les *honneurs funèbres*. Tout citoyen après son décès serait présenté à son autel. Le cortège serait digne d'un homme libre. Des discours retraceraient la vie du défunt et rappelleraient les titres qu'il peut avoir à la reconnaissance publique.

La Législative écouta sans broncher le projet de Gohier, l'accueillit par « de nombreux applaudissements » et en ordonna l'impression. Huit jours plus tard, le 26 juin 1792, elle en adoptait l'article essentiel et décrétait que « dans toutes les communes de l'Empire, il *serait* élevé un autel de la Patrie, sur lequel *serait* gravée la Déclaration des Droits, avec l'inscription : *le citoyen naît, vit et meurt pour la Patrie* ». Par le même décret, le Comité d'instruction publique était saisi des autres articles du projet et chargé d'en rechercher les moyens d'exécution.

Le décret du 20 septembre 1792. — Le Comité d'instruction publique ne donna aucune suite à la motion qui lui était renvoyée, mais, dans sa dernière séance, la Législative prononça la laïcisation des actes de l'état-civil, en même temps qu'elle instituait le divorce. Ces deux grands décrets, qui se complétaient, portaient le coup le plus sensible au clergé constitutionnel. La séparation de l'Eglise et de l'Etat, si souvent ajournée pour des raisons d'opportunité, s'opérait quand même en détail, et le fossé se faisait plus profond entre la Patrie et la Religion. Enlever les actes de l'état-civil aux prêtres, a dit justement M. Jaurès [1], c'était « une des mesures les plus profondément révolutionnaires qui aient été décrétées. Elle atteignait jusqu'en son fond la vie sociale. Elle changeait, si je puis dire, la base même de la vie. Et quel puissant symbole de cette grande rénovation civile dans le transport en masse de tous les registres enlevés à l'église et portés à la maison commune, dans cette clôture générale des registres anciens et dans l'ouverture des registres nouveaux où les nouvelles générations seraient comme affranchies de tout contact du prêtre ! »

VII

Le 10 août et la déchristianisation. — Depuis le 10 août, le mouvement anticlérical avait pris une force et une largeur croissantes.

A. La Commune. — La Commune révolutionnaire commençait obliquement l'œuvre de la déchristianisation et l'Assemblée suivait.

Au lendemain de l'émeute, « sur les plaintes faites par plusieurs citoyens d'*exactions* exercées par le clergé constitutionnel [2] », elle arrêtait la suppression du casuel.

1. J. Jaurès, *Histoire socialiste, La Convention*, t. Ier, p. 227.
2. Je ne connais l'arrêté que par Jaurès, *La Convention*, t. Ier, p. 14. Je n'ai pu mettre la main sur le texte officiel.

Elle instituait par le même arrêté l'égalité des funérailles et supprimait les marguilliers et leurs bancs, etc. Ce n'était là qu'un prélude. Un des considérants de l'arrêté laissait percer l'arrière-pensée déchristianisatrice : « Considérant que dans un pays libre, toute idée de superstition et de fanatisme doit être détruite et remplacée par les sentiments d'une saine philosophie et d'une pure morale... » Le 17 août, par un nouvel arrêté, la Commune réquisitionnait le bronze des églises « pour la défense de la patrie ». « Tous les simulacres bizarres qui ne doivent leur existence qu'à la fourberie des prêtres et à la bonhomie du peuple..., tous les crucifix, lutrins, anges, diables, séraphins, chérubins de bronze, seront employés à faire des canons. Les grilles des églises serviront à faire des piques [1] ». Le 30 septembre, la section de Mirabeau changeait les noms des rues qui rappelaient l'aristocratie ou le fanatisme. La rue d'Artois devenait la rue Cérutti ; la rue de Provence, la rue Franklin ; la rue de Taitbout, la rue Brutus ; la rue Chantereine, la rue de la Liberté ; la rue Saint-Georges, la rue Guillaume-Tell ; la rue Saint-Lazare, la rue des Belges ; la rue des Martyrs, la rue Régulus, etc [2].

B. *La Législative.* — L'Assemblée ne restait pas en arrière de la Commune. Avec moins de violence dans la forme, elle accomplissait au fond la même besogne.

Déjà, le 19 juillet 1792, elle avait enlevé aux évêques constitutionnels leurs palais épiscopaux, qui étaient mis en vente au profit de la nation [3].

Le 14 août, sur la proposition de Delacroix et de Thuriot, elle chargea la Commune de Paris de convertir en canons le bronze des temples et des monuments nationaux. Le même jour elle révoqua l'édit de Louis XIII pour

---

1. J. Jaurès, *La Convention*, t. Ier, p. 15.
2. Voir l'arrêté dans les *Révolutions de Paris* du 10 au 17 novembre 1792.
3. Décret du 19-25 juillet 1792.

la procession du 15 août. Le même jour encore, elle entendait un de ses membres, Lejosne, dénoncer avec véhémence les obstacles apportés par certains évêques au mariage des prêtres [1].

Le 18 août, elle supprima les dernières congrégations encore existantes et renouvela à cette occasion la prohibition du costume ecclésiastique déjà décrétée le 6 avril [2].

Le 28 août, elle admettait à la barre une députation des Jacobins, qui venait offrir à la Patrie une statue de Saint-Roch en argent, et elle entendait de l'orateur de la députation ce discours hébertiste : « Les diverses confréries formaient dans l'empire des anneaux de cette chaîne sacerdotale par laquelle le peuple était esclave; nous les avons brisés et nous nous sommes associés à la grande confrérie des hommes libres. Nous avons invoqué notre Saint-Roch contre la peste politique, qui a fait tant de ravages en France. Il ne nous a pas exaucés. Nous avons pensé que son silence tenait à sa forme. Nous vous l'apportons pour qu'il soit converti en numéraire. Il concourra, sans doute, sous cette forme nouvelle, à détruire la race pestiférée de nos ennemis [3]. »

Le 7 septembre, enfin, la Législative convertissait en décret l'arrêté de la Commune de Paris et faisait défense aux ecclésiastiques salariés par l'État de recevoir un casuel, sous quelque dénomination que ce fût [4].

---

1. « Je dénonce un libelle intitulé : *Instruction pastorale sur la continence des ministres de la religion*, par M. Gratien, évêque du département de la Seine-Inférieure. Il est déjà parvenu à fanatiser un grand nombre de citoyens, surtout d'habitants des campagnes. Un curé de ce département a manqué d'être victime de la fureur de ses paroissiens, parce qu'il avait été assez vertueux pour prendre une femme. Je demande que le ministre de la justice ordonne aux tribunaux de poursuivre l'évêque du département de la Seine-Inférieure. Je demande, de plus, que tous les ministres qui publieront des écrits contraires aux Droits de l'Homme et aux lois soient privés de leur traitement. » L'Assemblée renvoya au Comité de législation les propositions de Lejosne. *Moniteur*, réimp., t. XIII, p. 420.

2. Décret du 18 août 1792, tit. Ier, art. 9.

3. D'après le *Journal des Débats et décrets*, cité par Ludovic Sciout, *Histoire de la Constitution civile du clergé*, t. III, p. 223.

4. Décret du 7-14 septembre 1792.

Dans le même temps, le ministre de l'intérieur, Roland, organisait un bureau d'esprit public pour répandre dans toute la France la bonne parole philosophique, et l'Assemblée mettait à sa disposition cent mille livres pour cette propagande[1]. Dans toute la France, conformément aux instructions du ministre, les municipalités patriotes et les clubs redoublaient d'ardeur à catéchiser le peuple[2].

La situation à la fin de la Législative. — Bref, quand la Législative se sépara, la rupture définitive entre l'Eglise et l'Etat semblait chaque jour plus imminente. Mais il apparaissait aussi que cette rupture ne serait pas purement négative. En se séparant de la Religion, l'Etat révolutionnaire entendait garder le caractère religieux, et chaque jour il s'efforçait davantage de dériver vers le nouvel ordre social la foi qui allait autrefois à l'ancien. Depuis Varennes, la religion de la Patrie s'était singulièrement fortifiée et précisée. Lanthenas, De Moÿ, Condorcet, Français (de Nantes), Gohier, dans leurs projets de propagande, d'instructions, de fêtes civiques avaient en réalité esquissé le plan d'un organisme civico-religieux destiné à défendre et à faire aimer l'institution politique nouvelle. Cet organisme était partout en voie de formation. Le clergé constitutionnel, battu en brèche, découragé, amoindri, se retirait de la Révolution ; les orateurs des clubs, « les

1. Décret du 18 août 1792. Les Montagnards accuseront plus tard Roland de subventionner avec cet argent les écrivains girondins. Le 12 décembre 1792, aux Jacobins, Châles dénoncera le bureau de la formation de l'esprit public, créé pour capter l'opinion. Basire s'écriera qu'une pareille institution « était contraire à la liberté des opinions religieuses, car former un tel bureau avec l'argent des citoyens, c'était forcer les citoyens à payer des ouvrages qu'ils n'approuvent pas ». Aulard, *Société des Jacobins*.

2. Le 16 septembre 1792, les municipaux de Neufchâtel (Seine-Inférieure) écrivaient à Roland que, la journée du 10 ayant causé une *fermentation terrible* dans les esprits, ils avaient décidé de faire tous les jours, à sept heures du soir, des instructions au peuple dans l'Église de l'Hôpital Saint-Thomas, pour l'éclairer sur ses devoirs et pour le rassurer sur tous les mensonges dont on se sert pour le tromper et lui susciter des craintes. » (Arch. Nat., F Ic III, Seine-Inférieure, 15).

propagateurs de la raison » prenaient la place qu'il abandonnait, et leurs fêtes civiques, leurs conférences populaires, leurs missions patriotiques devenaient autant d'assemblées religieuses, où la foule venait communier en la Patrie.

Robespierre lui-même, qui avait tant résisté au courant philosophique, semblait à cette heure vouloir lui aussi apporter sa contribution au culte patriotique. Le 14 août 1792, à la tête d'une députation de la section de la place Vendôme, il vint demander à la Législative l'érection d'une pyramide aux morts du 10 août : « Hâtez-vous, s'écria-t-il, d'honorer les vertus dont nous avons besoin *en immortalisant les martyrs de la Liberté.* Ce ne sont pas des honneurs seulement, c'est une apothéose que nous leur devons [1].... »

La fête funèbre aux morts du 10 août, qui fut célébrée le 26 du même mois dans le jardin des Tuileries, attira une foule immense [2].

Le 4 novembre encore, la section du Théâtre-Français célébrait dans le local des Cordeliers une « cérémonie républicaine en mémoire des braves citoyens, des généreux Marseillais et des fédérés des départements morts glorieusement à la journée mémorable du 10 août 1792 [3] ». Momoro présidait ; Anaxagoras Chaumet (sic), qui prononça l'éloge funèbre, le termina par une invocation finale à la Nature d'allure toute panthéiste : « Ils sont entrés dans le sein maternel de la terre, ceux dont nous couronnons aujourd'hui la tombe. O Nature ! que ne puis-je ici dérouler le volume immense de tes sublimes mystères !... O Nature ! O Mère ! reçois en ce moment le tribut d'hommages que je te dois... Terre libre ! terre natale ! prépare tes plus

---

1. *Moniteur*, réimp., t. XIII, p. 424.

2. Voir dans Tourneux, *Bibliographie*, t. Ier, p. 286, l'indication de toute une série de documents concernant cette cérémonie.

3. On en trouvera le procès-verbal imprimé dans un recueil factice de la Bibl. de la Ville de Paris, 12.272.

douces odeurs, réchauffe dans ton sein le germe des fleurs nouvelles, afin qu'au retour des zéphyrs, nous puissions en joncher la tombe de nos frères ; mais en attendant cette heureuse époque, amis, formons des chœurs ; c'est par des chants d'allégresse qu'on célèbre la mémoire des défenseurs de la patrie ... »

A lire de pareils morceaux, on sent que les temps du culte de la Raison sont proches.

Et pourtant il s'écoulera un an encore avant que le culte révolutionnaire s'élance au grand jour, et, avec Chaumette et Fouché et les représentants en mission, s'efforce d'abolir le catholicisme. C'est que les Révolutionnaires, unis en principe sur la nécessité d'instituer autour de la Patrie un organisme de nature à la protéger et à la faire aimer, ne sont pas encore tous convaincus de la nécessité de substituer entièrement ce culte civique à la religion ancienne, qui serait radicalement abolie. Les opportunistes, les hommes d'État, avec Robespierre, Danton, Desmoulins, par crainte de commotions populaires, s'opposent, autant qu'ils le peuvent, à la déchristianisation violente et ménagent le clergé constitutionnel dont ils retardent la chute définitive. Ce n'est qu'après le 31 mai, quand ils trouveront la main des prêtres constitutionnels dans le soulèvement girondin, que les Montagnards n'hésiteront plus.

Alors, comme l'a très bien dit M. Aulard, « l'expérience a prouvé que la république « montagnarde » ne pouvait pas compter sur l'Eglise constitutionnelle, dont beaucoup de ministres ont pris fait et cause pour les Girondins, pour les fédéralistes. Tout le clergé constitutionnel semble hostile à la politique unitaire de la Montagne ; tout le clergé constitutionnel devient, aux yeux des sans-culottes, l'ennemi, et décidément le peuple trouve que ce clergé ne vaut pas mieux que l'autre, et que les *jureurs* girondinisés sont aussi dangereux pour la patrie que les *non-jureurs* complices des rois et des émigrés. Hier, on opposait les bons prêtres aux mauvais, aujourd'hui on croit voir qu'il n'y a pas, qu'il n'y a plus de bons prêtres. La religion catholique en est discréditée dans l'esprit des patriotes militants. Si le culte est l'obstacle à la défense nationale, eh bien! abolissons le culte! [1] ».

1. Aulard, *Histoire politique de la Révolution*, p. 468-9.

CONCLUSION

Il me sera peut-être permis de dégager de cette étude, si incomplète qu'elle soit, quelques conclusions.

1° Les cultes révolutionnaires ne furent pas des constructions factices, des expédients d'un jour que ceux-là même qui les imaginaient prenaient à peine au sérieux. Ils furent en réalité l'expression sensible d'une religion véritable, issue de la philosophie du XVIIIe siècle, et éclose spontanément dans les premières années de la Révolution.

2° La religion nouvelle, après avoir d'abord grandi confusément, commença à prendre conscience d'elle-même et à se séparer de l'ancienne après l'échec de la Constitution civile du clergé. C'est l'échec de la Constitution civile qui donna aux révolutionnaires l'idée de rompre avec le catholicisme en le remplaçant, et de lui substituer le culte civique dont les éléments existaient épars. Il faut chercher l'origine du culte de la Raison dans les nombreux projets de fêtes civiques, de propagande patriotique formulés en grand nombre dès la Législative.

3° L'idée de la séparation de l'Eglise et de l'Etat est une idée courante dans les milieux patriotiques dès 1791, mais ce n'est pas une idée vraiment laïque. A de rares exceptions près, les révolutionnaires restent des hommes d'ancien régime, épris avant tout d'unité. La conception d'un Etat neutre, indifférent aux religions, leur est étrangère. L'Etat idéal qu'ils imaginent d'après Rousseau, c'est l'État antique, l'État souverain dans tous les sens du mot, l'État gardien de la vertu et instrument du bonheur. Pour l'État nouveau qu'ils instituent, ils exigent le même respect, la même vénération qui environnaient l'ancien, et ils transposent le catholicisme dans leurs cultes civiques.

INDEX ALPHABÉTIQUE

DES NOMS DE LIEUX ET DE PERSONNES [1]

1. Les noms des lieux sont en petites capitales. Les noms en italiques sont ceux des auteurs cités au cours de l'ouvrage. Les renvois importants sont indiqués en caractères gras. L'n qui suit un chiffre indique la note de la page.

TABLE DES MATIÈRES

DEUXIÈME PARTIE

Comment s'est faite la rupture entre la religion ancienne et la nouvelle ?

Vu et lu,

En Sorbonne, le 24 Décembre 1903,
par le Doyen de la Faculté des Lettres
de l'Université de Paris.

A. Croiset.

Vu et permis d'imprimer :

Le Vice-Recteur de l'Académie de Paris.

L. Liard.

LILLE — LE BIGOT FRÈRES, IMPRIMEURS-ÉDITEURS

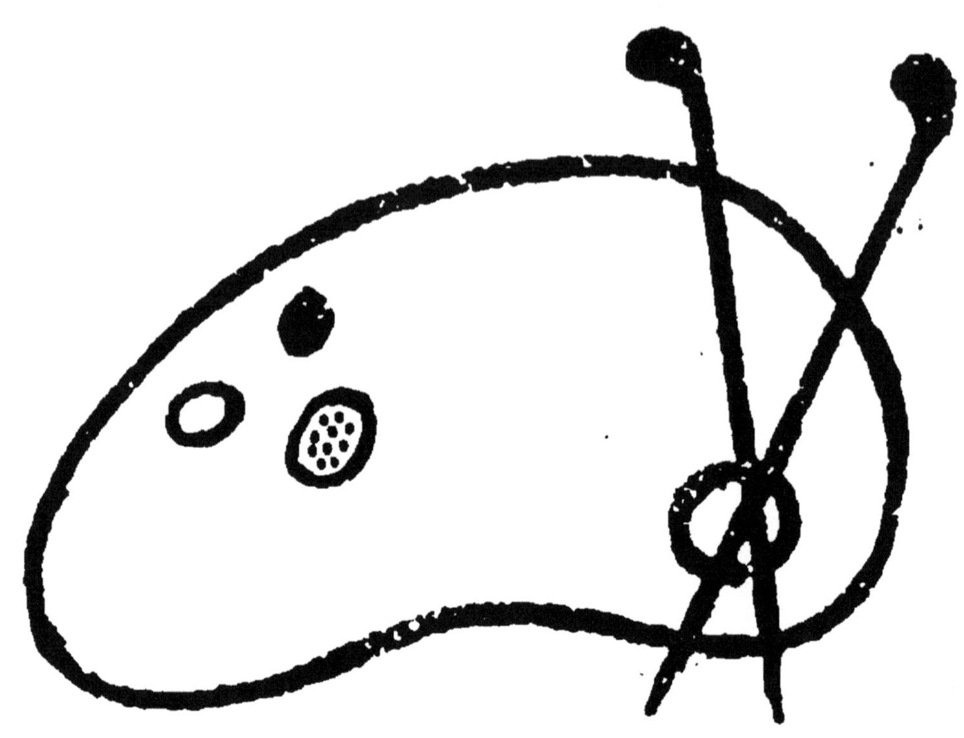

www.ingramcontent.com/pod-product-compliance
Ingram Content Group UK Ltd.
Pitfield, Milton Keynes, MK11 3LW, UK
UKHW022105190726
13855UKWH00002B/656

9 782012 83058